昨天的青春
八十年代中学生

任曙林 文／摄

前 言／照 片 里 的 青 春

大凡在青春时代经历过八十年代的人，都会有一个"八十年代情结"，我当然也不例外。八十年代的青春是无法复制的青春，是一段刚开始就终止但并没有结束的青春。

很庆幸自己在八十年代度过了完整的中学时代和三年的大学时光。也正因此，当我第一次看到任曙林的《八十年代中学生》的时候，我就被这些影像深深地吸引。是的，照片中每一个人物、每一个场景对我来说都是那么熟悉。

回忆自己八十年代的中学时光，立刻会有很多镜头闪回。

高考前的一个夜晚（1987年），我们文科班的几乎所有男生（其实只有12人，那时候文科班严重阴盛阳衰，男生只占1/4人口）骑着单车来到天安门广场，围坐在一起，一边喝着啤酒，一边胡乱地互相揭发谁喜欢哪个女生。最后，一帮少年又来到天安门城楼黑漆漆的门洞里，坐成一排，每人都叼起一根烟，点着，深吸一口，烟头闪亮……仿佛要在高考前做尽所有的"坏事"。

那时候的我们喜欢诗歌，喜欢自己排话剧，喜欢电影，我们旷课跑到"八一厂"，就为了看伯格曼的《处女泉》和《第七封印》。那个时候，石康（我的师大附中初中同学）已经是个标准的文学青年，开始狂写约翰·克里斯托夫式的长篇小说；王阳（后来叫"老狼"）正在北京八中的校园里弹着吉他给他的小师妹唱情歌……

那个时候，任曙林照片中的北京一七一中学学生王琳和一个男生正在秘密地早恋。一天傍晚，在空旷的教室里，他们本来是坐在一起的，但门外的脚步声让他们瞬间分开，回到各自的座位。走进来的是摄影师任曙林，彼时的任曙林并不知道教室里的这一对男生女生是恋人，他只感到教室里安静得仿佛能听到"夕阳移动的声音"，他忽然觉得自己是一个"不该出现的第三者"，于是拍了一张照片后，任曙林便悄悄地离开了。多年以后，王琳在映画廊看到这张照片，激动得痛哭：她和照片中的那个少年恋爱、一起留学，然后结婚，最终分开……她对任曙林说，本来她以为青春已经不在了，但现在她发现原来青春还活在这些照片里。

虽然认识任曙林这么多年，还做了他的策展人和图片编辑，但我其实一直无法真正知道五十年代出生的他为什么会用十年时间拍摄"八十年代中学生"。他一直说那也是一个秘密，妙峰山山顶的秘密……

我的大学同学张立宪曾经写过一本著名的书《闪开，让我歌唱八十年代》，是的，永远的八十年代，一首青春的歌还未唱完，一段青春的密码还未解开……

那日松 | 《八十年代中学生》策展人，映艺术中心／映画廊艺术总监。1981至1987年就读于北京师大附中，1987至1991年就读于中国人民大学。

玉渊潭与爬山

小时候，家附近有个玉渊潭公园。它没有围墙，却有村庄猪圈、麦田和桑葚树，还有一条弯弯曲曲的河，是那种沿着土路踩着野草可以一直走到水边的小河。"文化大革命"前父亲经常带我和妹妹去那里。也许父亲不喜欢北海、颐和园，我第一次去那些地方，已经是上初中了。

玉渊潭叫公园，但除了门口竹子牌楼上的几个字，并没有什么公园的软硬件设施。在我的心目中那就是一片田野，父亲说这里是真山真水。玉渊潭深处有个石头台子，上面刻着"元人王某钓鱼台"。台子前边是竹篱笆墙，里面就是国宾馆。父亲有个上海202照相机，一摁皮腔弹开，镜头就伸出来了。他不让我动，每次在玉渊潭拍照片，都是他掌机，我顶多是个助理。一次父亲让我和妹妹站在麦田里照相，我说都没太阳了，他说麦子金黄有反光。他发现有个猪圈盖得好，为了把它拍全，结果妹妹在照片里只有半个身子。玉渊潭有一大片湖水，湖水西边有一大片芦苇，里面有野鸟什么的。每次去玉渊潭，父亲都要带我们在这里看落日，望着彩霞和飞鸟。他告诉我"落霞与孤鹜齐飞，秋水共长天一色"，这句话我不太懂，却对那满目的景色印象深刻。父亲在那个时刻总喜欢双手盘在胸前，眯着小眼睛望着远方，我不清楚他在想什么。慢慢地我也喜欢向遥远的西天眺望，那神秘的彩霞和飞鸟似乎有无限的意味，让我琢磨了很长很长时间。

"文化大革命"开始后，父亲再没有带我们去玉渊潭，那台上海202相机不知何时我可以摆弄了。中学那几年，我们几乎没上什么课，夏天学农，平时学工又学军。1969年中苏边界紧张，我们成天在校园里挖防空壕，说是要防苏联的空袭。这下学生可有事干了，特别是男生，我们从夏挖到秋，从秋挖到冬，从不会使铁锹手心打泡，到站在两米深的沟里，两手一使劲儿，一锹土就飞上了沟。一场冬雪后，我们的防空壕像一条地龙，蔚为壮观。1970 年年初，不少同学要随家长奔赴"五七"干校。同学分离，我的上海 202 大显身手。男生们全站在防空壕里，仰头向上，沟边的土堆像座座群山；几个人爬到颐和园的树上，各摆身段，模仿武林高手；在天安门广场，哥儿几个手持《毛主席语录》，我们摆个半蹲的姿势。一次在景山最高的亭子上，我提议拍一张大家说话的自然像，不要叫人看出是为了照相，而是在讲话中拍的，结果大家自言自语，东张西望，拍下怪怪的一幕。

玉渊潭的自然景色培养了我对野外的兴致，在我眼里北京的景山、香山不算山，只有那种真山真水的野山才过瘾。上初中那会儿我常去爬山，越爬越远越荒凉，母亲总担心有狼，我说没有。上小学那阵子，国家号召青少年开展四项体育活动：跑步、旗语、游泳和登山。你看国家都号召爬山，可见我的想法是多么正确！把裤子扯破了……那算什么，解放军还练习匍匐前进呢！我终于从理论上战胜了妈妈。

我一十六岁到工厂当钳工，那是个技术活儿，可我没有忘记爬山，只是不能每星期去一趟了。这时期我的登山水平提高了，胆子也越来越大。我敢在山里住几天，并能在深夜摸上山去。我愿意雨天爬山，更喜欢下雪进山。有一年年底，大雪刚停，我和一个朋友带着二十几个大火烧和一瓶白酒就进山了。记得棉手套是在路上买的，夜里我俩蜷缩在一个石佛龛里，互相抱着双脚，冻醒了就喝一口白酒。那一宿真冷呀！

深山的雪夜，寰宇白茫茫的一片，满天的大雪静静地落入群山的怀抱。这是怎样撩人心魄的景色。东方泛白，红日初升，周围的一切清晰起来，满目银装素裹，静极了，美极了。

我从小身体单薄，光长了一个大个子。母亲没少给我吃好的，可我还是那么瘦。每次爬山回来我总是特别能吃，我的肺活量、大腿上的肌肉，以及负重能力都在增长。只要一到山顶，什么烦恼都会烟消云散。你看那山，多么壮阔和悠久，多么安详和丰富，多么富有生机和永久的诱惑力。

北京的山挺多，有点儿名的我大多爬过。我喜欢观察每一块石头，每一棵小草，每一片流云。有一回大年三十我去爬山，遇到一个打柴人，他说我真有瘾，这会儿还不待在家里。1978年考学失败后，我一个人进了山，在藏身的破庙中思考今后该怎么办。奇怪得很，痛苦在山风中飘去，松涛使我振作，初升的太阳终使我看清方向，我吃光了带去的食品，轻装下山了。

1975年5月，我在京西的妙峰山山顶拍过这样一张照片：大全景，略俯视，远处群山莽莽，近景古塔残立，清晨七点阳光透亮，一群北京第五中学的学农学生，在古塔周围指指点点，眺望交谈。人物在画面中很小，也就看个形体吧。这一幕景象从一开始就吸引了我，以至于几年后心绪还时不时在上面徘徊，有一种很神秘的东西总在拨弄着我，是那群山？是那古塔？——还是那群年轻的中学生。

"星期五"沙龙和四月影会

"文化大革命"那会儿我自己钻研摄影,胡乱拍,当工人后搜寻到几本书,努力往规矩了拍。1977年给厂里的先进个人拍照片,我把从照相馆师傅那学来的布光手法全用上了。我想拍的是要像这个人,不是模样像,而是一看,骨子里就是这个人。只是除了不用看镜头、出其不意地抓取外,就没有其他招了。也许我熟悉他们,也许我想法不多,直接的摄取倒也保存下许多信息,那背景,那服装,那头发和姿势,还有那没有化妆的脸。多少年后,这批影像显得有些价值,我感谢八年多的卢沟桥生活。

1978年我有机缘参加了池小宁家的摄影沙龙,那是一段恶补时期,每星期五晚上我都从卢沟桥准时赶到北京西城的新太平胡同11号。

我们的老师狄源沧先生懂外语,他有许多原版画册,最宝贵的是他从不照本宣科,总有自己的立场和见解,纵横驰骋。我们每每把自己的照片交给老师评论后,他会记住,说不定哪天讲到哪位大师时,冷不丁把你那幅照片列举出来,这是令我们惊喜的时刻。这个沙龙什么人都请,画画儿的、写诗的、搞雕塑的、拍电影的,甚至还有放大专家、造照相机的。经常来沙龙的有二三十位,干什么的都有,摄影题材、手法五花八门。在1978到1979年年间,我们在池小宁家搞过两次摄影展,那时叫"观摩"。三间平房,大屋环室两圈小线,大小不一的手工放大黑白照片,用曲别针固定在小线上,相互切磋非常过瘾。

1979年元月,王志平和李晓斌来到"星期五"沙龙,那是两位风格截然不同的江湖高手,从开始的相互打量，到相互认可，这次历史性的会面奠定了后来四月影会的基础。有一段时间北京东四三条 35 号成了我常去的场所。王志平的家与池小宁家风格不同，余则相同，都是进屋没地方坐，没水喝，人满为患。彼此热情交流，诚心相待，这氛围这感觉现今已经很难寻觅了。

大家在 1979 年 4 月举办了第一回展览，真是五彩缤纷思路开放。我对第一回展览做了详细的笔录，七次往返卢沟桥工厂与北京中山公园兰室，逐幅编号采写，或褒或贬，随心而去。四十五位作者的一百七十余幅作品，连同它们的标题与配诗，最终汇集成一万五千字的备忘录。记得我把女友也叫到现场，让她把观众留言全抄下来。那次看展的人特别多，又喜欢留言，几天就可以写满一本。四月影会第二回展览在北京的北海公园举行，那一个月的画舫斋也是天天人满为患。那次展览有印刷目录留世，我不用站在现场受累了。

喇 叭 沟 门

向狄源沧先生学习是要交作业的。1979 年元旦我和池小宁去了北京最北边的喇叭沟门，当然，我和小宁都喜欢爬野山也是一个原因。那时北京有个著名的知青典型叫何营，自学成才当了山区的赤脚医生，我通过女友的母亲认识了她。有了这个线索，我们俩出发了。

长途车在太阳快落山时才开到山口的汽车总站，我们顺着一条冰冻的河继续步行。天光映衬出河床冰面上的枯草，黑黑白白的，小宁像发现宝藏一样扑了过去。我也觉得挺有意思，掏出相机拍了起来。十几分钟过去了，再看小宁已经趴在了冰面上，挎包翻开，地上铺着一块塑料布，买的做的各种配件和镜头摆放在上面。他围着这片草，摸爬滚打，测光调试，脚架石头全用上了。我坐在河边，看着越来越暗的身影，整整有一个多小时。

喇叭沟门的最高峰叫鸡冠砬子，老乡劝我们别去了，这倒更激发了我们的欲望。我穿上雨鞋，腰上缠了几圈绳子，小宁把器材轻了装。冬日阳光远淡，林密寂静，我们的登山能力得到山间打柴人的赞许，这时肯定又是一次拍摄高潮。给老乡拍照，要面对各种善良的问询，我们自然有许多善良的编造，这不是欺骗，这样最好。

山顶无柴，只有我们两人，拍照与观看都令人兴奋。一堆碎石支起我的上海202，我为绝顶处的合影在调试准备，小宁偷拍下我的背影，撅着的屁股上有一块规范的补丁。新裤子买来先要把补丁打上，不仅是屁股上，还有膝盖上的两大块，我们俩的裤子全是这样。悬崖边有一块竖立的大石与山体裂开了不小的缝，脚蹬在上面似有晃动，我大喜，要把它踹下山去，小宁说危险，我说有绳子，没事儿。山谷的轰鸣回响了好一阵子，我们在山顶也有些心惊。回到村里后，不少老乡问我们："在山上听到动静了吗？"我说："惊天动地的，这里经常会这样吗？"老乡很为我们安全回来庆幸，告诉我们："老辈人说了，几十年都没听见过这么大的动静，大概是鸡冠砬子成事了。"我们暗地里有些发笑，同时感到不少歉意。

那时吃住在老乡家里是自然而然的事情，我们会帮他们干些活儿，会把拍摄的照片寄给他们，说话是算数的。这次我们住在一个宽敞的院子里，主人家的小女孩叫小英子，刚上小学。女主人会剪窗花，我们很是惊喜。小英子不认生，前前后后地跑，妈妈剪好后，她要自己贴到玻璃上，我们自然是一通拍摄。后来，我们把小英子带到麦场上，带到山坡上，山村的孩子面对镜头毫无紧张之感，在任何场地总能自然地展现她的天性，小宁过着导演瘾，我们则共同过着摄影瘾。清淡的冬日，留下挺煽情的光影。1990年国庆节，我再一次来到小英子家，她看着自己小时候的照片笑着说："这是我吗？"

今天算来距离我们爬鸡冠砬子山已经三十一年多了，那里的山民都还好吧，何营还在做医生吗？小宁已然西去，我还有勇气重返那个小山村吗？

为"星星"拍电影

1979年5月，我离开待了八年多的工厂，来到煤炭科学院电影室工作。单位配给我一台"红旗"牌16毫米电影摄影机，一块"海鸥"牌测光表。这种摄影机是手工发条驱动，上一次弦可以拍三十多秒钟，我们使用的是国产"代代红"，这种电影胶片一盒三十米，在"红旗"上拍完一盒，要上十来次发条。这种摄影机是手持操作，很灵活，适合拍新闻。到9月，我刚粗粗熟悉了它，还没有正式拍什么东西，却用它干了一次"私活"。

1979年9月，几位朋友准备搞画展。因为同年4月我们的摄影展览很成功，画画儿的朋友们劲头十足，信心更大。池小宁同核心的几位都很熟，早早得到了消息，并悄悄告诉我，要我做些准备。

干什么呢？拍一部小电影。

9月27日那天我们上阵了。掌机当然是小宁，我背着书包做助理。不停地拍需要不断地换胶片，要手脚麻利，还要时刻观察情况。当时的气氛挺紧张，中国美术馆东墙外看画儿的人多，便衣也不少，到28号那天，情况就严重了。一大早，不知从哪里来了一群街头小混混似的青年人，起哄叫嚷，还对挂在铁栅栏和树上的作品动手动脚，气势像来砸场子的。九点多钟，又来了几位中年妇女，带着红袖箍，说是当地办事处的，又说是公园管理处的，态度强悍，嗓门极高。小宁直面拍摄，一位大嫂上来就抓摄影机，我和画画儿的朋友冲上去保护，小宁乘机转移阵地，一时间展场混乱无比。在喧嚣、争论和轻量级的接触中，作品保住了，可是有许多真正的观众离开了展览场地。我忽然明白，这才是这些来客的真正目的。美术馆东墙外树多，给拍摄提供支持和掩护，同时也给现场装卸胶片带来了方便。我们就像战地记者，在争执与混乱中，记录下这历史的时刻。不知何时现场静了许多，我突然发现四周站满了穿白制服的警察。撤，来不及，机器也来不及收，我和小宁被四五个警察带到了美术馆里面。

我当时很紧张，机器要是被扣，单位还不开除我？对方讲："并没有说你们拍照有什么错，但要按规定检查。"结果把我书包里所有的胶片，拍过的、没拍过的全部拿走。记得当时还用随身的暗袋把机器里没拍完的那盒也取了出来，一起拿走了。

漫长的等待，双方彼此无话。寂静中，我曾试图向窗外望望，这才发现是一间没有窗户的房间。我很担心，不知道接下来会发生什么。看看小宁，他黝黑的脸上大眼睛向外努着，表情严肃但不紧张,我瞬间也放松了许多。不知过了几小时,十几盒胶片如数送还。我惊奇地发现拍过的胶片已被冲洗出来,没有发现被剪去什么镜头。那几盒没拍过的后来发现少了几尺。

后来"星星"的朋友们要游行,使这次拍摄更加艰险,但我们记录了全过程,并把全部底片保存了下来。国庆节傍晚,小宁送来拍完的胶片,向我大致讲述了一下白天的情况,就匆匆离去了。夜幕中我送他下楼,望着他骑自行车的背影,我忽然觉得,这小子真行。在我认识的求艺者中,池小宁是真正的勇士,这"勇"除了表现在探索上,也表现在义和德上。现今中国不乏前者,而后者少于前者。

当时胶片的冲洗是手工操作。我都是晚上九点以后,悄悄溜回单位干。"十一"过后,小宁又去圆明园等地拍过几次。11 月 "星星美展"在北海公园恢复展出,1980 年夏天则转移到中国美术馆里面去了,后来的两次,由我掌机记录了"星星"的尾声。

初 拍 高 考

1979 年夏天的一天早上,单位有个同事突然告诉我:"今天高考,你不是喜欢照相吗,还不去?"我当时的反应是激灵一下子,抄起相机就溜出了单位。单位离家很近,有一所中学在家附近,有考场,我赶到那里时,各色考生正在进入校门。

我参加了 1977 年的全国首次高考,未中;1978 年春,又参加了电影学院的招生考试,复试了两次，还是未中。后来听说有人卖血，给文化部长写信，我没有这个勇气，拍电影和我擦肩而过。但两次高考给我留下新奇的印象，妙峰山山顶的幽灵在心中徘徊。

几把课椅放在大门口，两三个老师坐那儿，考生来了，起身，看看准考证，又坐下来闲聊。考生三三两两，陆陆续续，骑车的，走着的，有说有笑。校门口聚集着一些老人和中年妇女，几个小孩追跑打闹，有点像新学年开始的样子。我把自行车放好，走进校园，甚至在楼道里转了转，做考场的教室门上贴着封条，从教室后门的瞭望孔里，看到了摆放整齐的课桌椅。多少年后，我还奇怪，为什么管得这么松呢？

桌椅单行摆放，老师用脸盆打来水，把它撩在间隔的地上，降降温吧。楼道里排着一溜课桌课椅，考生在进教室前把带来的书包依次放在上面，小纸片上面写了号码，一张给考生，有绳的一张拴在书包上。开考后，我发现教室前面的讲台上有几个白瓷杯子，没把儿，杯口上方有一圈蓝道，谁渴了，举手，老师会送水过去。教室我是进不去的，在门口，我尽可能地拍下所能看到的一切，我想起自己年前赶考的心情。

中午考生们多数不回家，学校的小卖部有汽水和面包。那天我没回单位吃饭，一瓶北冰洋汽水里插着一根蜡管，面包有两种，圆的便宜，吃起来发酸，我买了一个长方形的。我边吃边在校园里转悠，发现考生的年龄跨度较大，有不少所谓的社会青年。还见到了一位瘸腿的姑娘，我给她拍照时，她面对镜头，双唇坚韧地微合，眼神友善略含平淡，至今我还能记起她当时的模样。我后来又连续拍了两年高考，上述的现象就看不到了。不少考生喜欢在自行车棚里复习，阴凉通风。北京七月的中午，蝉声此起彼伏，柳条儿摆动却没有风声,早晨观阵的人们不见了踪影,默念背诵的窃窃声断续地传到我的耳朵里。有几个人坐在楼道的尽头,屁股底下是带来的报纸,一个女生一脚踩着凉鞋,一脚光着蹬在暖气上,顾不上别的了。一个男青年双脚盘在课桌腿上,右手夹着半截烟,左手的"上海"牌手表清晰可见,他的视线一直盯着课桌上的书本,书本的旁边有一块小毛巾。两个女生就蹲在一堵墙边,可能旁边有一棵树吧,书包放在腿上,一手支着下颚,一手捧着书本,她们的腿不麻吗?有几间教室留给了考生,桌椅散布,大家各据一方,有两个男生穿着跨栏背心,一位双脚踩在另一把椅子上,左手拿书,眼睛却看着别处,拍摄中我听见他说:"我要考上了,非他妈……"后面的话他没说出来。一个女的坐在两块砖头上,一个男的干脆席地面墙了。几年前还没有的高考像春风般来到人间,吹皱一池春水,掀起阵阵微澜。

进 入 校 园

我进入校园,是一个决定,在当时想了一段时间,但是思考的内容并不复杂。追寻妙峰山山顶的幽灵是个原因,偶遇的高考似乎抓住了线索。当时比较了大学与小学,还是中学合适;在重点校与一般学校面前,一所中等水平的学校更合适。北京一七一中学具备了这些条件,而且离我工作生活的地方很近,就是它了。

进学校当然要先拿下校长,上词儿呗,校方最终同意,我琢磨摄影本身也是原因之一。1979年的北京,照相还是比较新奇的事情,特别是专门去拍学生,好像还没有听说过。

我反复保证不影响课堂秩序，他们也想看看这小子到底能耍出什么花活吧。开始校长推荐了一个特优秀的班主任，她怕干扰教学，拒绝了。有趣的是，两年后，曾拒绝我的老师请我到她班上摄影，她也许发现了摄影的魅力。

进入学校还不算太难，难的是学生们的认可。那时的中学生普遍认为报纸上的宣传假，记者是主观臆想的同义语，特别是讲到中学生更不是那么回事。他们经常嘲笑讽刺那些奇怪的所谓校园照片。在这种情况下拍摄，他们从心里看不上你：呵，又来了一位！那时的学生挺有礼貌，他们不一定躲你，但会用体态语言和表情的改变，强烈地表示他们的态度，这种抵制更可怕。一个个假象摆在眼前，你还拍什么呀。特别有意思的是，他们的后脑勺都长着眼睛，可以感觉到你要干什么，几分之几秒内，他们的体态已做了调整。这种不易察觉的变化其实差异很大，我进入的通道被堵死，只有放下照相机。怎么办？解释我不是那样的记者？那真是傻了，只有靠时间。我有这个信心，有与拍摄对象相处的基本功。头一个学期我几乎没拍出几个胶卷，但我还是在校园里转悠，极耐心且悠然地寻找着，与这帮学生打着持久战。我并不傻干，我有我的专业素质：跑位、时机、进入幅度、体态语言和表情等等。学生们不傻，他们观察出这位"记者"的不同，起码好奇心使他们愿意了解我，但我并不去同他们聊天，这是我的原则。我无声地干着我的摄影。我最终征服了他们，他们接受了这个外来者，我打开了进入他们的第一道关口。

我在校园成了透明的影子，慢慢地如入无人之境。这种感觉很迷人，时常你不拍什么，游走于学生中间也是一种享受。在彼此放松视而不见的前提下，种种感觉出现了，各种发现出现了，特别是眼睛跟着心思走时，相机不再束缚你的手脚，只是把你的所感凝固下来。我到学校没有固定时间，只要还有学生在校园，哪怕是一个学生，也有可能有所发现，垃圾时间是不存在的。学生生活看似刻板，其间的细微变化令你都意想不到。他们的节奏一般大人们不清楚，也不想去弄清楚，自然认为他们简单，没什么过程与变化，一旦有点事儿，立马得出简单的结论，这也许是所谓"代沟"出现的原因之一。学校程序是固定的，学生们的状态可是跃跃欲试。他们在限制中寻找自己的空间，表达交流自己的感受、见识和发现。这是他们生存的必需，这是他们除了课堂学习之外，自由表现自己的天地，这恰恰成了摄影进入他们的通道。进入就是发现，两者是同步的，伴随着快门声，我把他们的庐山面目一点点地留在底片上。

学校内容是十分丰富的。上学进校门千姿百态；早操早自习各显特点；课间十分钟眼花缭乱，年级不同，男女不同，性格不同；体育课与美术课我是可以参与的，何况还有不少室内活动；中午时光因人而异，吃饭谈天，安静中有一丝秘密色彩；下午的课程总有些异样，也许是副课多吧；放学不一定回家，课外活动，课余活动，操场教室交相辉映。这往往是我最紧张的时刻，总是一层楼没拍完，日暮就降临了。夏日的黄昏，当最后一个学生离去，我往往要在校园里待一会儿，不是回味今天拍了什么，而是人去楼空，另一种心绪升腾起来。失落？悠远？弥漫在心中。我会在那一瞬进入另一种世界，在那个世界中没有我，只有记忆的碎片来去飞翔。冬天的太阳落山早，经常有学生不肯早早回家，这时的教室是学生的天下，特别是老师也走了之后。你会感到像旋转舞台一样，瞬间地或慢慢地，味道变了，气氛变了，那已不是教室，你可以看到一个个鲜活的灵魂在跃动。一间教室里也许只有一个学生，也许是一群，也许都是男生或女生，也有时就两个人。这都无关紧要，紧要的是我需要调动所有的神经，灵活快速地游走，准确迅速地把握，而这一切的前提是不能对他们造成丝毫的干扰和影响。我与学生们的默契在这时发挥着重要作用,彼此心照不宣,彼此相互信任,我不是老师,也不算朋友,我只是一个认真的摄影人。

于 大 卫 老 师

于大卫是最先接纳我的老师,他和那四十五名学生是我拍《中学生》挖到的"第一桶金"。大卫老师和我后来成了朋友,不论他从事什么职业,我也东拍西拍,但总有些共同的话题在我们之间。他是班主任,也是语文老师。他的课别具一格,有干货,有个性,生动活泼。我刚到学校时,曾旁听过一次他的课,真是过瘾。那次我认真做了笔记,回想我的中学时代,很是黯然,打心底里羡慕他的学生们。对学生他是师长也是朋友,不仅要求学习好,做人也十分严格。班里有了问题,他基本不点名批评,而是利用同学之间的"场"去修复漏洞,这对更多的学生无疑是一种启示与影响,所以这个集体团结友爱有战斗力。

他每天比任何一个学生来得早,走的却是最晚的一个。给学生补课不是学生找他,而是他找学生。他知道班里每一个学生的长短处,因材施教,对症下药。有一次他对我说:"你信不信,我们班四十五个学生会有四十人考上大学。"我说:"你有点吹牛吧。"1980年8月,开榜了,真如他所言,全班有四十二名学生考上大学,剩下的三名考取了大专。我与这个集体相处时间不长,却在这个集体中体会到许多那个年代的东西。他们班的学生基本没有书呆子,各科成绩却在年级前列。课外活动丰富多彩,许多新的潮的东西,他们总是反应迅速,甚至对一些社会上的大是大非也有自己的观点。打篮球什么的简直就是他们的必修课。我仔细观察过这四十五名男女学生，几乎都是面色健康，站立有样，眼睛清澈，穿着得体且不俗。男女生之间友谊深厚，情感真挚，那许多难言微妙的东西，在这个集体中像湛蓝天空中的白云。这境界，这享受，在今天到哪里去寻。

1980年6月，我在学校操场给他们拍毕业照。男生清一色打篮球的跨栏背心，整齐精神；女生各种条纹花色短袖，活泼漂亮。特别是那七八面形色各异的奖状一字排开，威武雄壮。一块旧黑板立在最前面，老宋体粉笔书写着"为高二5争光，为祖国争光，为母校争光"。在开拍的一瞬，大卫老师把那个篮球滚到黑板的一角，神来之笔。1980年夏日某夜，我和大卫老师及班里的几个铁杆男生喝酒，酒后我们在天安门广场合影，"上海202"相机放在自行车座子上，自拍机嗞嗞作响，完成了《中学生》的开局。

夏令营与小电影

我爱玩，学生们也爱玩。我影响学校教导处，把1981年的夏令营地址定在了北京十三陵地区的沟崖，简而言之，这是一个真山真水之处。不能要求学生们像我一样野游，但那时的学生亲近自然好像没什么障碍，无论什么环境，只要这个集体在，总会有不少愉快、善良的东西在传播。

7月中下旬，一年一度的暑假已拉开了序幕，就算不参加夏令营也会有各种各样的活动可选择，这些活动可不是奥数什么的。那时"兴趣"这个词很时兴的，学生们自由组合自

主选择，原子分子般的小集体们各自为战了。学校组织的夏令营相对正规些，我推荐去山村，就是想让学生们自为的空间大些。村里队部的三间大房子成了营地，男女生各一间，临时伙房一间。睡觉是地铺，草垫子上边是炕席，炕席上边是学生们各自的床单塑料布什么的。那时夏令营是铺盖自带，三横两竖的背包捆扎得有模有样，大卡车连人带东西就出发了。在现场，我拍过一张俯视全景照片，是学生们拴挂好的蚊帐图，放眼望去，地铺不见了，绳子横七斜八，高低错落，帐子此起彼伏，像灰白色的海浪。营地附近有个水渠中转站，山水长流，昼夜不息。清晨，大小脸盆散布，刷牙梳洗，嬉戏喊叫声此起彼伏，与山谷的鸟鸣呼应交响，传得很远很远。下午游泳回来用山水冲凉，这是天然的浴场，肥皂是不需要的，因为河水本身就很干净。有水就好洗洗涮涮，大树间的绳子上总是挂满了洗过的衣物，阳光下，像万国旗帜随风飘舞。那时的女生特别喜欢洗衣服，帮助男生也很自然。当然，挑水烧火根本不用老师吩咐，男生会奋勇争先。

阳光照耀在河上，水光粼粼，男女生围坐在几个篓筐周围，对蔬菜进行着粗加工。老师讲了，干完活才能游泳，再说，不准备好，晚上吃什么呀。游泳的场面使山民感到新奇，那时山民从不这么正式地游泳，学生们不仅姿势规范，还有专门的游泳服装，救生圈皮筏子五颜六色，围观的欢笑声响彻河岸。学生们到哪儿总要带着书，洗完衣服坐在石头上休息，书便拿出来了。早晨，总有勤奋的，大家还未起，总有人在一个宁静处，享受阅读的乐趣。那时没有手机，BP机也没有，几天的时光，似乎与世隔绝，身心想不放松都不行。偶尔也会抓一条蛇什么的，放在准备好的瓶子里，处理方法是很标准的。篝火晚会围着三根竹竿下的汽灯举行，节目轮流来，有什么才艺尽管奉献，笛子黑管总是有的，扑克也在打，不分男女。跳舞一般是最后的重头戏，隆重而热烈，大家手拉着手在篝火旁舞动，北斗七星悬挂在夏夜的星空。

1981年我在广播学院（简称广院，今中国传媒大学——编注，下同）学习，一直想拍一部夏令营的电影，在王纪言老师的指导下，我做了一年的准备，1982年正式开拍了。16毫米黑白胶片，现场录音，题目叫《夏日的回忆》。场地选在北京怀柔的黄花城，那里当时还没有被开发，丰富的植被、明朝的小城、秀气的村庄点缀在山谷里。最早是画画儿的朋友告诉我，这里的小孩儿随便找一个都是很好的模特儿。长城在这里路过，迂回小憩后向东奔向大海。相对原生态的自然环境和相对原生态的人文环境，我看中的就是这两点。

学校知道要把这次活动拍成电影，积极配合。我与校方达成协议：四十个名额，由我选二十个。我怕学校组织的全是三好学生，老实有余，活泼不足，我希望在自由的时空中，他们能激发出更多的火花。我要求把老师的人数降到最低，充分发挥学生们的自理能力，结果那次是四十名学生，一位老师，一个做饭师傅，我就算半个老师吧。

黄花城我很熟悉，故而预谋了许多情节让他们面对。我可不是摆布，四十名青春少年撒到山村里，你想摆布，简直是不可能的。我主要是定好宿营地点、餐饮方式、活动范围、爬山路线。内容有野炊放牧打鸟摸鱼，洗衣做饭内务自理，与老乡的互动除了联谊会篮球赛，还有适当劳动和家庭访问。黄花城的植物、昆虫、小动物丰富，山中水里、树上院落，几乎到处都有可学之处。如果加上随时发生的突发事情，我基本就没什么睡觉时间了。中学生本身就处在一个活跃的阶段，把他们放在这么一个"天堂"般的地方，没有家长，老师又少，不创造出种种新奇是不可能的。其实，这要感谢在广播学院的学习，我借鉴了国外先进的纪录片拍摄方法，来了一个集大成，超级发挥。我的基本功过硬，身体素质一流，没有助理，在爬山中追随学生拍摄，处理技术问题和镜头问题，我确实挺自豪的。

有一天拍学生们在水库里游泳，不知何时他们打起了水仗，浅水区好办，深些的地方，我要踩水举着摄影机游到里面的石头岛上，有了这个拍摄点，后来的游泳比赛我都拍下来了。村里有不少驴，学生们自然想骑骑，而我只能单手持机拍摄，一手紧抓缰绳，跟随在骑驴学生的后面骑驴拍摄，双向的晃动让画面效果如身临其境。有一天中午，我实在困了，和衣在炕上睡去。恍惚中，被一学生叫醒："任老师，他们逮了一条蛇！"惊起，拿上机器奔了出去。几年的学校拍照中，我虽然不怎么和学生说话，但他们好像知道了我的喜好，清楚我会在什么时间地点出现，在什么瞬间拍摄他们。在学校，他们用在镜头前的视而不见、依然故我作为配合；在山村，他们自觉地做我的情报员。这是发自内心的互动，是我梦寐以求的境界。一天黄昏，我拍摄了余晖中的牛群和缕缕炊烟，在一个隐蔽的角落，发现一个男生在缝自己的鞋。看见我，他感到不好意思，我后退一些开机拍摄，他没有回避，只是不自在了一下就过去了。爬山回来，女生们都要洗洗头，披头散发的很是生动。我居间拍摄，也需要她们的主动配合，我琢磨，其中的某些共识起了关键的作用。回去的那天，我分别在男女宿舍拍摄他们收拾行装的镜头，挺大的背包三横两竖，四天的征程写在脸上。我在两张大土炕上来回奔走，记录下在现代中学生中已绝迹了的情境。

大卡车载满了初一到高二的学生，男生愿意站在前车帮，迎风而立，任郊区公路的所有扑面而来。远处的长城渐行渐远，偶尔有小孩在路旁冲着卡车喊叫，学生们会以更高亢的喊叫回应。坐在车厢中间的女生大多困了，枕着自己双臂或同伴的肩膀进入了梦乡，黄花城的日日夜夜将长久地留在她们的记忆中。

高 考 大 战

1979 年的高考拍得不过瘾，我一直盘算着大干一场。1980 年 6 月，我只身来到教育部，找到招生委员会，声称我要去拍摄高考。

那时高考对学生重要，大小报纸却不感兴趣，我没发现有什么记者出现在考场上，党报喉舌可能认为这是一件小事情而已。我的出现令官员们很感兴趣，我自然首先要申诉理由，讲大道理呗。他们询问我的具体做法，那时摄影还不普及，我更像在介绍摄影。最后，他们给了我一张月票大小的黄纸片，上面印着"监考员"三个字，填上了我的姓名，编号是十二，红印章上面的字是：北京市高等学校招生委员会。这相当于是一把尚方宝剑了，凭着它，我可以出入任何考场的任何教室。

我喜欢穿布鞋，跑考场的这几天特意换上一双半新不旧的，消音嘛。裤腿稍挽，这样下蹲方便。我从小喜欢锻炼，身体灵活，在桌椅间腾挪回转，可以做到悄无声息。在学校拍中学生，这是基本功。相机换成一台老徕卡，快门轻得几乎听不见。每每进教室，我把除相机外的所有东西都放在门口，轻装上阵。那时拍胶片的习惯是，有了才拍，一张是一张地走，不像现在拍数码，毫无顾忌。在考场上拍，我几乎是一景一张，打一枪换一个地方，就算考生有所感觉，我已经像监考老师一样在巡视了。

那时的考期是 7 月的 7 号、8 号、9 号三天，北京这时已经很热了。整个八十年代，好像只有 1981 年的高考日是雷阵雨，凉爽。1980 年我在考场上，经常可以看到手绢小毛巾之类的东西，有的学校会准备暖壶、几个杯子放在讲台上，谁渴了，举手，老师会把凉白开送过去。有些男生实在热了，脱掉短袖，搭在椅背上，穿着跨栏背心奋战。窗户打开，淡蓝色的窗帘微微飘舞，阵阵蝉鸣让专注的考生放松些许。

1980 年 7 月的那三天，我争分夺秒，几乎没有了中午吃饭的时间，至多是在转场的过程中来一份汽水面包。我跑了七所学校，考场就数不清了，有的可以拍上几张，有的站在讲台那儿，观望一下就撤了。课桌写字大同小异，找到感觉也非易事。考前考后可以发现许多，中午的待考时间，也是我不能错过的时机。考生辛苦，我也辛苦，都为祖国四个现代化出力吧。

教室外候场的人里总有一些老师。他们关心自己的学生，花了三年甚至更多的时间，这是最后的时刻，是高潮也是落幕。那几天的清晨，我总看到各校的班主任或主课老师早早来到考场外，最后一次把能讲的倾诉给他们的学生们。有的老师把一面红旗绑在自行车架上，怕有的学生找不到他；有的老师站在砖头堆上表达叮嘱；有的老师干脆跑到路段拐口，见到一个自己的学生就说上几句，真是一个也不能少！2010 年夏天我路过一个考场，候场的人变了，现场的气氛变了，看着那些警车，我心中充满了悲哀。

贺 年 片

在学校拍了几年，我越发觉得学生状态丰富多彩，受到贺年片的影响，我也想做一套。为此我做了个实施计划，首先列出二十几个问题，利用单位的油墨印成卷子的模样，到学校让学生们回答，然后收回分析。我跑了二十多所学校，普通中学、职高技校，甚至连北京五十五中学——外国学生为主的学校我都没有放过。问题五花八门："某两个电视剧同时播，你喜欢看哪个？为什么？""暑假由你安排，你会做什么？""你听过什么曲子？喜欢什么音乐？为什么？""你喜欢报纸杂志上的照片吗？如不喜欢，为什么？""你认为家长与孩子沟通的障碍是什么？孩子有什么责任？""你喜欢什么样的校服？你认为中学生可以打扮吗？""你愿意参军吗？为什么？""你读过《红楼梦》吗？你喜欢谁？""你会做饭吗？家务事你干过些什么？""你写过诗吗？"等等。

学生们答得十分认真，还不时交头接耳，现场气氛十分热烈。

了解情况是为了选片子。我初选了四十幅照片，分别贴在四张卡板上，背着它们再度返回那些学校，请学生们投票，每人只能选十五幅。汇总后，我最终定下十幅，作为贺年片的原稿。我把它们洗出若干，分发给不同学校喜欢写诗的学生创作。到最后，我得到了一百多首诗，平均每幅作品十首，我参考写作朋友们的意见，最终每幅照片配一首诗。

我背着四十幅照片跑学校的过程，就像是办流动展览。都是中学生，重点中学与非重点、普通中学与中专技校、中国学生与外国学生，甚至不同地域与不同家庭的学生对照片的反应看法都有差异。这个过程使我对当代中学生的感受更具体了,这个群体的丰富性对我进一步拍摄《中学生》产生了潜移默化的作用。

本来单位的头儿挺支持我的计划,我可以花大把的工作时间跑学校。最后要印刷了,不知是经济原因,还是我没协调好关系,处长指示我再推敲推敲,无限期地拖延。我的贺年片计划流产了。无论如何,我还有那十幅照片和一百多首诗。

新 春 联 欢 会

每年12月31日的下午到晚上是学生们最快乐的时光,中学里的新春联欢会就是特指岁末这一天的活动。我参加了那几年的每一次岁末狂欢,不仅拍照,有时也参与其中。1980年的岁末是我第一次参加这样的活动,心情很是异样。平时在学校拍照,进退由我,放松自由,今天是一个封闭的空间,一间教室,四十多名学生,项目繁多,有序又杂乱,特别是学生们一旦折腾起来,我显得特别"孤立"和"多余",甚至不知往哪儿站。照相似乎证明着你的身份,保持着你的尊严,但这种保护很脆弱,你随时会被更强大的气场淹没、撕裂,甚至想到逃遁。

那时我熟悉的班还不多,所以在这个时刻不便乱串。初一2班的师生我比较熟,今天却反客为主,我要配合他们,要适应他们,要融进去,我再也抓不住什么,茫然不知所措。我的灵魂在出窍,我的中学生活在哪里?我是从哪里来的?我为什么要拍摄他们?这种拍摄给我带来莫名的痛苦，难以逃脱的压迫。教室的温度在上升，我虽然还在按着快门，灵与肉却分离了。那次我用了闪光灯拍摄，每拍摄一个镜头，闪灯的光芒会像利刃一样刺进胸膛，我暴露在光天化日之下，无处藏身，在以后近六年的拍摄中，我再也不曾使用过闪光灯了。

1982年12月31日，我如约来到这间教室，这时我已经在学校混了三年，油盐不进、刀枪不入了。从初一到高二，我可以轻松地出入任何一间教室，有了充分的回旋余地，我已经战胜了心中的恐怖与羞惭。这年夏天我拍摄了《夏日的回忆》，大概是当时唯一的关于中学生的电影。初一少年今天已经初三，作为新春礼物，我把《夏日的回忆》带到教室。初三学生的岁末联欢与初一不同了，老师可以提前回家，让他们尽兴。我走上讲台，介绍了电影的幕后故事，然后支上放映机。银幕是专业的，挂在黑板上，电影还没有合成，我用一台录音机播放混好音的盒式磁带。灯关上了，黑白的画面把四十几双眼睛带到一个奇妙的世界。教室里很静，唯一的"杂音"就是导片齿轮咬合胶片的声音。我有些自得，朋友们看到了电影电视上看不到的东西；我更自信，多少年以后，他们可以向别人夸耀。电影不长，学生们觉得不过瘾，要求再放一遍。还好，我带着倒片设备。教室的后墙上，贴着用红纸剪的几个字：为祖国美好的未来，向三好进军。我和学生们在它下面拍了张合影，几年的《中学生》拍摄中合影数量不多，这是其中的一张。新年的钟声将要敲响，1983年的脚步临近了。

2004年12月，《中学生》在北京的一间酒吧里第一次向大家展示。我也请了几个当年的学生。在现场，一位先生拿出一张合影照片，很旧了，我一眼就看出是当年岁末的那张。我惊异他还保存着它，我明白了，他是在保存那些美好的东西。

闪 进 教 室

校园生活丰富，不是说有多少情节故事。少男少女的年龄，许多情况下还是比较含蓄的，动作性不大，特别是课间或放学时刻，给他们的时间并不长，毕竟要学习要回家。但他们确实有无数的东西要表达要交流，甚至要表现，这些因素决定了必然会形成属于他们的系统，属于他们自己的"语言"。这些东西在很大程度上影响着我的拍摄。还有就是对体态语言的运用，中学生简直是高手，而这恰恰是摄影的强项，我找到了一个突破口。

我首先要读懂这些语言。长时间的转悠，好处极多。不用拍摄，到处观看一幕幕的活剧。我在校园是透明的影子，这是我努力得到的"待遇"，所以我的观看几乎没有限制。有一天中午，是个初夏，我带着一些瞌睡，在教学楼里转，有的教室门开着，有的则虚掩着，我出出进进，挺悠闲的样子。透过一个门缝我发现一个男生和一个女生站在逆光的窗户前，他们是站在椅子上，眺望着窗外不同的方向。我需要进去，我需要用我的体态语言告诉他们，这一切都挺好的，真的挺好，我只是做我的事。轻轻推门滑入，这对话就开始了，断断续续却一直没停。其实我还是有点紧张，我确实是个入侵者，我能做的只是把干扰降到最小，这是有可能的。进教室后，他们并没有移动，这说明他们知道学校有这么一个挺奇特的摄影人，我并没有马上去拍摄，虽然内心很想。我当然可以十分迅速地抢镜头，但那样不好，它破坏了一种平衡，坏了规矩，我以后如何在江湖上混。退一步讲，你的速度再快，能快过中学生的感觉吗？没有感觉，只有外表的照片能看吗？教室里没有其他的学生，经过上午的四节课，整齐的课桌椅有些微散乱，在午时的阳光下，特别像疲倦的学生。我面前似乎有了许多生命，它们进入了我的镜头。在我转到窗前时，一切都是顺理成章，我用最快的速度把他们留在胶片上，然后若无其事地慢慢离去。摄影需要抓拍，但摄影人可以把这段时间放大。

有的教室是人多的，这并不意味着你可以无所谓了，它照样有游戏规则。拍中学生我从来不敢掉以轻心，尊重他们就是尊重摄影，寻找方法就是专业素质。不同的人群不同的状态，需要不同的融入方式，这种方法体现在我身上，也是一种体态语言，包括持机的方式、行走站位、按快门时的身姿，甚至表情。时间长了，这些会变成下意识，一进校园就好像运动员到了跑道上，状态起来了，想改变都难。有人可能会觉这多累呀，其实不然，一个不属于你的环境接受了你，你可以自由行走，这是多大的幸福啊！庆祝还来不及呢。我正是靠这些东西出入学校的各个角落，基本畅通无阻。而学校的老师绝大多数不去掌握这些东西，只能靠猜测去判断学生。像中午这种时刻，如果是老师到来，那一切就都消失了。

中午时分，是学生们自己的时间，也是充分展现的时机。人多不一定话语多，他们之间的关系丰富多彩，内容变化多端，通过一幕幕景象，完全可能留在胶片上。

脚 和 后 背

记得是1979年左右，在北京有几个法国的展览，全是名家的东西。罗丹的雕塑就放在中国美术馆的院子里，几百年间的精品挂满了北京展览馆的几间大厅，都是原作呀。现场有小册子出售，其中有两段话我印象颇深，罗丹的意思是：真正的女性美只有几个月。

另外是谁说的忘记了,意思是:人的手比面孔有表现力。这两个观点影响了我的《中学生》摄影。

妙峰山山顶的学生是中学生,她们属于罗丹说的女性美吗?变化的东西短暂,所以珍贵,中学阶段属于这个范畴吗?有变化才会有发展,不定中有莫测的东西,这才有诱惑力?中学生是这样吗?在对手的拍摄中,确实是这样,但我有了更触动我的发现,那就是脚和后背。

课间与放学后的校园是精彩的,却又没什么大起大落,时间长了,我发现他们的腿脚总在动,不停地变幻,仅仅是出于青春的活力吗?我蹲下去,有时干脆坐在地上观看,这下不得了,一个不曾看见的世界在显现。有腿脚就会有鞋和袜,男女、脾气、秉性、心情、思考全写在离地三尺之内。很奇怪,人的手还会有所掩饰,在腿脚上仅剩修饰了。我个儿虽高,但人瘦,也练过点小功夫,所以身体伸展幅度比较大,可以瞬间蹲下,而且蹲得很深。那时进校园,我总喜欢把裤腿挽上,就是为了下蹲方便。如果是现在,可以穿短裤就不用这副打扮了,好几次母亲说我像打鱼的,这样进学校不好,但我找不出更好的办法。

发现了脚,就是发现了脸以外的可能性,后背不久也出现在胶片上。我这个"后背"是泛指,没有头的身体也算,因为我发现去掉头的后背或躯干更有感觉的空间,而人的表情在有些时候是会起反作用的。开始我有点顾虑,没有头的影像能成立吗?拍了一些,看看,好像还行,只是习惯问题,不是原则错误。其实我们在看人时,许多时候是会忽略掉脑袋的,有什么不可以。放下了这个包袱,我才大胆地从新的通道进入了他们的世界,许多不好表现的东西找到了依附。甚至在许多时候,脸成为多余,有了后背或手或脚,足够了。在大量的后背与脚的拍摄中,我认识到看就是看,怎么看都行,要不上帝把摄影交给人类干吗?

第 一 次 展 览

到1983年暑假,我到一七一中学拍照已经三年多了,校方希望我展示一下拍的照片,这是我无法拒绝的,我应该向他们有个交代。

1983年9月新学年开始,我在学校的橱窗里展出了自己手工放大的一批照片。我当时没有写什么说明,面对特定的读者,还有什么需要说明的呢?反应可想而知,只要不是上课,总有不少学生围在橱窗前议论纷纷,我拍下了这个场面。回想一下,这应该是我的首次个展,没有开幕式,没有宣传,"哐当"一下把那批东西扔到学生们中间,任其品头论足,反应发酵。我没有去听他们在说什么,我只是在看,远远地看,猜测着他们在想些什么。我清楚地记得我只请了一位嘉宾来参观,仅有的一位,就是画画的朋友马德生。老马是当年"星星"的主要干将。我告诉他我在学校摆了一些自己拍的学生照片,老马一听兴趣盎然,一定要来看看。他那时住在北京的柴棒胡同,离学校有四五站路,但是老马是拄双拐的人。那天在汽车站,我接老马,只见他双拐摆动健步如飞,临进校门时,还特意正了正他那顶绿军帽,十分庄重地来到橱窗前。我在他的身后,感到了真诚、严肃和神圣。

学生们观看得很热烈,特别是看到自己的身影以一种比较陌生的形式展现出来,反应自然强烈。经常有学生们在橱窗前指着某一张照片议论不停,看得出,他们是兴奋中有一些惊奇。那么现实的生活一下子上了照片上了橱窗,这是很大的转换、奇妙的变身,他们拿出所有欣赏文艺作品的经验来解读这些摄影。我十分得意,我掀起了学生们的头脑风暴。老师们的反应比较正式,有喜欢的有不喜欢的,有一些不小的争论。10月,学校高一年级的银杏文学社组织了一次活动,座谈这个展览,下面是学生们的发言。

杨柳:八十年代的青年不同于七十年代、六十年代的红卫兵,也不同于抗战时期的红小鬼,他们有他们的思想,有他们对生活的看法。摄影师在一群模糊的人群中取出它来,照片似乎有了一种代表的意境。沉思,应该去想,时代给予我们一个要求,不能盲目地去干,这样只能走几年前错误的弯路。

郭颖:摄影是一门有生命的艺术。人们凭着自己的直观感受并加上丰富的想象力,去揣摩探索作品深刻的主题、内在的思想意义。而一幅好的摄影作品正是通过对某一特定动作或景物的再现,使作者的思想、作品的主题含蓄地集为一体,并为观众留下充分想象的余地。

冯小彤:大概是上美术课吧,她坐在椅子上,背对镜头,手里捏着一个小纸人,刚做了一半,小纸人睁着大眼睛,张着嘴望着她。她呢,侧着头,扬起眉毛,张着嘴,正在说话。看她那神情,从她的侧面轮廓看,天真、稚气,似乎在说:"让我看看你的。"

秦蕾:由于人多,我挤不进去,便饶有兴致地站在大家后面看起人来。看到他们那有趣但十分真实的表情,我禁不住在心里笑起来。上课的铃响了,橱窗前的人迅速地向教学楼跑去,这儿立刻变得这样安静,我也匆匆离去了……

温涛:初中毕业了,许多同学将离开一七一中学,离开朝夕相处的班集体,怎能不留恋?记下吧,我们真挚的友谊,不要忘记三年共处的生活……数年后,我们将相逢,在建设四化的岗位上……

韩云:每天早晨,我都能见到许多同学来得很早,有的打球,有的清扫教室和校园,更有很多人来读书。有的教室门还没有开,他们便挎着书包,在松树墙前,或来到浓荫树下,放声朗读,或是细细思忖。现在,我忽然觉得自己好像来到了校园的树旁,沐浴着清晨明媚的阳光,呼吸着早晨清新的空气,在朗朗读书。

张里红:在课余,同学们搬出各自的椅子,坐在靠墙的阴凉中乘凉,彼此交谈着,欢乐地度过紧张学习后的余暇时间。从那份被拿在手中的报纸来看,她们并不只是一味地啃书本,而是既读书又关心国事。照片的作者,抓住了人物动作变化的一瞬间,把人物活灵活现地展示在观者眼前,这便是这张照片的微妙之处。

万瑜:这张照片拍的是学生在听报告时坐着的姿势,着重地突出一个学生坐着的凳子——球。足球,孩子们的朋友、伙伴,伴随着他们度过金色的童年、美好的少年,还将伴随着他们度过绚烂的青年时代。

1983年冬天，我到山东肥城矿务局出差，顺便到一所县中学拍照。这里的学生与北京一七一的学生相比，服装发型差别很大，再细看神态也有不小区别，比如打篮球，比如吃午饭，比如做值日，比如男女生之间，把他们放在一起总有区别。也许我太较真了，没有必要分这么细，但是在后期我还是把北京之外的中学生大部分挑出来，不知何时他们可以自成体系。这所学校也有文科班，这与北京相同，他们对作文什么的很感兴趣。我同他们聊天，他们说我一定是老师，我说不是，只是总去学校拍照，他们很惊奇，问我都有什么好拍的，拍这些东西有什么用，还问我北京的文科班都学什么，课余都干什么，这我就答不上来了。忽然突发奇想，介绍他们认识，这个交流多有意思。他们欢呼赞同，我在教室给他们照了一张合影，伴随着冬日的斜阳与陈旧的课桌椅，一起带回了北京。一七一中学的文科班也是三十来人，听到这个消息十分高兴，很是感谢我这个媒人，一张相同的合影很快寄到了山东的县城中学。后来听说他们联系了很长时间，节假日还互寄东西，再后来我就不知道了。其实我在学校有个原则，不愿同学生多讲话，参加活动可以。所以在校外有个足球比赛，哪个同学过生日什么的，他们总会悄悄告诉我，我自然不会向老师汇报。

放 学 时 分

拍摄放学是我一直感兴趣的事情，但是总拍不好。学生们消失得太快了，再就是不知道拍什么。放学总是味道特别浓，春夏秋冬的阳光各具神秘色彩，随着清脆的铃声，学生如决堤的洪水涌出教室门，涌出教学楼，成片的自行车首尾相连，蔚为壮观。发愣中，操场静了下来，巨大的空虚铺天盖地，我又一次一无所获。

我喜欢这种时刻。经常是拿着相机，在空荡荡的楼道里毫无目的地移动着，往往从四楼到一楼，一间教室、一间教室地走着，耳边总响起学生们的嘈杂声，像幻觉似的，愈发衬出此时的寂静。夏日的阳光可以射进北侧的教室，空空的桌椅染上难得的黄色；冬天的太阳很早就往树后落，楼道尽头的光影勾勒出木窗棂的线条，并在绿墙围上留下道道斜线。这难道不是放学吗？这时的教室，往往只剩下一张张桌椅，做过值日的教室整齐干净，有时还可以赶上淡淡的水迹在地上未干——扫地之前女生总要在地上洒些水，要是男生就会乌烟瘴气了。教室后墙一般会有一块黑板，那是学生们的用武之地，学习园地黑板报，有时也公布考试的名次。我拍过几次写黑板报的过程，学生们总爱把彩色粉笔凑齐，这样内容和装饰效果可以同样漂亮。每到这时，我喜欢拍下全景，运气好的话，有光影掠过，平添几分悠长。

校方总是强调放学要早点回家，不是特殊情况不安排课后的活动。但总有不想早回家的学生，这时老师会叮嘱几句就先走了。他们不一定有具体的活动，也许站在一起聊聊天，也许坐在操场地上默默地望着天空。有的女生愿意在教室做会儿作业，也有的在窗口张望，没有具体目标，也许在想什么吧。有一种例外是逢年过节和放假前后的大扫除，擦玻璃成了一道风景，两人一里一外，不时还用嘴哈上一口气。学生们胆子大，甚至是二层，也敢跨在窗户上，用干湿两块抹布和报纸把玻璃擦亮。那时有义务劳动之说，1983年12月，北京的北护城河清淤疏通，每天下午总有不同学校的学生来到干涸的河道，使用簸箕铁桶脸盆，或行走或传递，把杂土运出来；有些学生戴上手套或套袖。相同的是所有学生都是干劲十足，完全可以用热火朝天来形容，一句话：就是不惜力。记得有几个男生弄来一辆手推车，两条绳子分别拴在车身两侧，两个人拉，三个人推，一声呼啸，一车土顺着木板搭的斜坡冲上了河岸。

我喜欢放学时刻,是因为它总给我带来陌生感。1985年11月初,一场秋雨停了,操场上空无一人,片片水面映照着灰蓝色的天空,蓝白黑三色的篮球架伫立在远方。1984年6月的一天,雨停了,水未干,一个穿白色连衣裙的女生,左手拿着课本从操场上走过,大全景里留下了她的背影。

拜 师 学 艺

我好动,从小崇尚练武的,在工厂做工人那会儿曾向一位杨姓老工人学习棍术,每星期总要抽出半天到他家的院子里练习。这是一种孙悟空使用的棍法,叫阴手棍,即反手握棍,开始很不习惯,练过一段时间后,觉出些味道了。这套棍术一共六十四手,每一手由若干动作组成,手手可以相连运用,也可以独立使用,如果能拆开随机组合,那就有一定水平了。棍子要用白蜡杆,一种很有弹性的木棍,棍长齐眉,所以这套棍法也叫齐眉棍。学习棍术要练基本功,杨师傅教我八卦走圈。开式是半蹲状的骑马蹲裆式,双掌立起,前后侧于胸前,双目过掌尖放出丈许,左旋开走尽量屈膝前行,双脚扣向圆心,开始一圈下来半径很大,慢慢要向圈小努力。走完左旋再练右旋,交替进行,走圈时人矮了一截,有些像地遁行者。杨师傅告诉我:练到最后,要能做到双膝不离地,噌噌噌噌,越走越快。我想到了《封神演义》。

那时我在卢沟桥上班，只能每星期回家偷偷练。杨师傅嘱咐过，北京会这套棍术的人不多，有些人想学他不教，他看上的好孩子才行。星期六、星期日晚饭后，我拿出棍子下楼，母亲总要劝说讽刺两句。我住在北京的三里河地区，那是中央部委的宿舍区，与杨师傅的南城小院完全是两种风格，偶尔有过路的人看见我的身影，投来很奇怪的目光。我不管那些，棍子抡得呼呼响，十七岁的我，那是一段永生骄傲的时光。最后也不知怎么回事，我没有坚持下来，六十四手，我只学会了二十一手。

进山拜师学艺，头悬梁锥刺股地苦练，然后大隐于市。并非想与谁过招，就是想有一段这样的经历，也不枉活一世。多少年过去了，除了经常进山爬山，练武的事再也没有实现，每每想起略有遗憾。八十年代中期，健美训练在北京兴起。我练过两年，最高潮时，夏天小背心绷在身上，挺爷儿们儿的。参加训练班之前，我特地跑到照相馆，要求拍一张裸体照，计划练成之后再照一张，前后对比。照相馆死活不敢，说要是单位有个介绍信什么的就行，最后，我穿三角裤衩他们都不干，非让我再穿上一条运动短裤。健美训练对心肺功能的好处是明显的，有一天晚上，训练结束后，我试着在跑道上跑圈，二十五圈拿下来了，用了五十七分钟，这可是万米跑啊！当然，世界纪录比我用的时间一半还短。从此，单位的运动会我每次都报名，那时长跑类的项目参加就有奖，我每次都是倒数的名次，不全是为那奖品，能跑下万米是很牛的事。一两年后万米项目取消，因为几乎没有人报名了，五千米我也跑，在运动场上一圈一圈的，很是得意。又过几年，只有三千米的项目了，国民体质的下降可见一斑。再往后，还练过铁人三项。我有爬山的底子，耐力好，游泳是小学三年级就会了；"文革"那年，自行车我可以带三个人骑，而且会拆会修，加上我能跑万米，激发起试试身手的欲望。

松 山 之 行

1984年7月下旬,我随二十几个高一的学生去了一趟海坨山,这次没有老师随行,我算一个例外,因为我只管照相。

海坨山在北京西北,官厅水库在山脚下,那是一片真正的深山区,植被和动物在当年还基本处于原生态。这地方我爬过两次,毕竟是人迹罕至,出行前做家长的工作费了点劲。好在班主任比较支持,定了几条纪律,学生们认真地答应。我心里清楚,撒手就不由爷了,老师也清楚,好歹还有我这个大人嘛。我的主意是,不到万不得已,不干预他们的行动。

参加一次纯粹意义上的夏令营是我的夙愿。完全是学生的独立行动会有更真实的东西出现,是他们充分展现自己的机会,我很想看看他们到底是个什么样子。这是一次蓄谋已久的计划,一旦成行,一切就成了未知。想到这点我很兴奋,我感谢那二十几位学生的家长,感谢那位班主任。

长途汽车只能开到官厅水库边上,这里离海坨山口还有五六里地要走。山口由一座夹山水库构成,大量山水泻出,拦腰建坝蓄水,"文化大革命"中,北京延庆县组织力量修筑了挺有名的佛峪口水库发电站。1977年我第一次进山,这里的机组每天还运转几次。佛峪口的弧形石坝一百多米高,彩色的学生们爬在上面像无数个花点在移动。这是进山的第一道考验,他们不仅带着行李,还有炊具什么的。我自然要捷足先登到坝顶,拍下这壮观的场面,选择这种工作方式,体力付出要双倍,我还行。

山里的林场是第一目标，那里可以找到房子住，在这种深山老林可不敢露营。有一个汤泉观在附近，地热水从明朝就开始流了，以前有道士住在这里，山里人经常来这里泡澡。有个常年挖药的人告诉过我，泡这儿的温泉能治关节炎，他冬天都来。林场的人很少，是挣工资的职工，欢迎学生们的到来，但要收床板费。学生们先是派出代表，后来大家一起上阵，学生有学生的理由，林场有林场的管理，经过一番艰苦舌战，最后每人六角钱，可以多住几天。

大通铺一个挨一个，真正意义上的集体生活。复杂的是做饭，三口大锅，有一个灶塌了，木头锅盖上全是土；柴火要自己劈，不会用斧头，就用石头砸、用手撅。烧火需要技术，弄不好就是烟熏火燎。好歹把热水煮开了，面条下了进去。这儿的水绝对干净，昼夜不停地在巨石间湍流，只是用水桶提回住处要费些气力，好在人多，轮流传着提。早起的洗漱最具观赏价值，山石上散布着身着校服的人，有点像电影镜头。第二天住在一个村子里，没有了住宿费，但挑水是逃不掉的。一根扁担两个水桶在学生肩上，有点神奇。最令他们好奇的是这里的同龄人，多数仅上到小学，据了解村里有两个上到初中，其中一个去了半年就回来了。这里没有玩的，没有书店，放映队一年来上一两回。村里的小学校仅是三间房子，没有操场，没有一本课外书。这里的节假日是春节、下雪、吃饺子、串亲戚、穿上新衣服。这确实是个穷地方，大庄科村，海坨山方圆九十里仅有的村庄，三十多户，近二百口人，是个常年不需要交公粮的地方。他们靠山吃山，国家也不周济他们，名副其实的自给自足，我总觉得有点自生自灭的意思。

可能是山民的状态深深地触动了学生，有人建议："咱们给村里人演点节目怎么样？""好！""太好了！"大家几乎异口同声地响应。决定一做出，二十几名同学全部行动起来，兴奋中包含着庄严的使命感，改变小山村落后状态的责任就在他们身上。

村长特意派人在场院上点上一支两百瓦的灯泡。大家挨家挨户去请老乡，告诉他们是专门给他们演的，白演，一分钱不要，"你们想看什么，我们就演什么。"同学们使出所有的本领轮番上阵，后来老乡们开始点节目了，只是老乡特别喜欢情歌郎妹什么的，这在学生们是很不习惯的，但今天没办法顾虑这些了，不好意思也就是一会儿的事。有个小伙子喊着要看"少林寺"，一个男生表演了一遍体操，又打了一通不知名姓的拳。老乡们喜欢听电影插曲，这倒难不倒学生。深山的天空，空气通透度极佳，学生们双双手拉手在旋转，舞蹈青年的友谊弥漫在整个打麦场上。

下山的早上，我还是参与了他们的行动。一个女生开始肚子疼，坚持走了一会儿，还是晕倒了。学生们有点慌，但还是有许多办法在积极讨论。我了解大概与例假有关，生命危险还不会，快速出山是当务之急。我想了想，看了看，给他们出了这么一个主意："你们能不能自己做个担架，把同学抬出去？"大家一听齐声赞成，特别是男生，脸上呈现出少见的坚毅。山区不缺木棍，架子很快捆好，薄被当垫也是不错的设计，只是没有足够的衬带托起薄被，人躺上去会漏下去。不知是谁高喊："用裤腰带！"十几个男生全部做出贡献，担架成了。

出山十余里，同学们用脚一步步量出来。大家轮番交替，许多女生都上了阵，木头压在肩膀上，四人抬着一人。山路不平，骄阳在上，这艰难怕是他们前所未遇，这艰苦怕是他们以后难遇。此时此刻，只有阵阵豪迈的歌声在海坨山谷中回荡。

展 出 风 波

1985年5月，现代摄影沙龙在北京办展览。我送交了两组片子，都是有关中学生的，其中一组叫《新的原野》。十六张黑白，放大二十寸，我找来一块长宽各两米的大展板，板子后面的加强木条正好把它分割成十六格。我把照片用乳胶裱糊在方格里，大板竖立，很是壮观。

开展那天早上，有朋友告诉我，这组照片被取消了，理由不详。

我一听就火了！怎么不事前通知一声？急匆匆赶到中山公园，这时距离开展还有一个多小时。我找到负责的人理论，给我的答复是："板子太大，影响展览的整体性，再说你不是还有一组参展了吗？"他们说的是我的另一块展板，半米见方，上面裱着四张彩色照片，挺秀气，很精美，确实有点沙龙做派。

其时四月影会已经被这个现代摄影沙龙所取代，本来就不是同烧一炉香的临时组合，开始是相互借力沾光，一旦风云变幻，必然内外结合，与时俱进了。曾经有人试图恢复所谓真正的"四月影会"，无奈人心不古，大环境已不是1979年的早春，池小宁早就明确表示了对这种努力的否定。后来得知，1985年的这次展览是现代摄影沙龙盘下四月影会的开张之作，当时，已经有一些老四月成员退出了所谓的集体，转入现代沙龙。正是在这样的背景下，我的大闹展场必然会引起各路人马的关注，一幕历史剧上演了。

那天我个人理论了一番，无果。出乎我意料的是，一些当年四月影会的骨干同主办方为这件事开了个现场会。记得大约有十来个人站在中山公园的一块草坪上，紧急磋商。我站在远处看着他们激烈交锋，比比划划，心中的感觉很是茫然。开展前十来分钟终于达成"协议"：参加展出，但只能放在入口过道上。我清楚地记得我和另外三个大个子抬着大板子走向展场，走在前面的是凌飞和李英杰。大家神态庄严，目视前方，步履坚定，很有一种慷慨奔赴的意思，"因祸得福"的大板子成了展览上的一道风景。事后李晓斌总开玩笑说："老帅大闹怀仁堂，你大闹中山公园。"

不管怎么说，这是我中学生照片的第一次公开展示，却引出了这许多花絮，现在回想，也不乏年轻气盛的成分。

青 春 颂

我1982年写了篇文章《青春颂》，诱因就是1975年在妙峰山山顶的那张照片，写完后给我的领导潘惠正看了。他原是我们处长，后来是副院长兼党委书记，我们居然是朋友，经常聊天，不拘礼仪。他看了我的文章也写了短文回应我，谈他对一些社会问题的看法。

我曾在院领导会见外宾时，给他拍过一张照，属于不能公开发表的那种，老潘十分喜欢，还让我在放大照片的背后写上字。我喜欢他，是因为他为人正直，是个真有思想的领导。我当时是普通职工，论级别是科员吧，老潘不仅是院级领导，还是教授级的高级工程师，大我二十多岁。挺奇怪的，我同他说话没有障碍，可以真实地表达自己，老潘也从不跟我打官腔，说那些官话。

我到煤炭科学院后，他很器重我，许多重要的拍摄任务都交给我。那时单位拍电影居然不采访，也没有本子。虽然是科教片，我认为也应该专业些。老潘支持我的想法，亲自介绍专家给我讲课，并批准我只带着纸和笔到外省市转。这是我们电影室首次不用带设备的出差，那时出差不仅全额报销，而且还有补助呢！有一部科教电影，要介绍矿山设备中的无油润滑。我提出用人物串场，当时单位有人反对，认为我们又不是拍故事片，老潘支持了我的方案，后来这部电影还得过科委（今中华人民共和国科学技术部——编注）的奖呢。那时为了煤矿安全，国家投入了相当大的力量，我在单位的摄影就是干这个。后来煤炭部撤了，权力下放到省里，我们基本就成了半闲的人，煤矿后来的状况大家都清楚。

我是工作之后才去广播学院学习的。在1981年，学费是一学期三百元，单位给我报销，要知道这在当时可是不小的数目。我拍的夏令营电影《夏日的回忆》，其实就是我的毕业创作。就是因为这个，中央电视台国际部看上了我，要我调过去工作。要知道，就算那时候，广院的毕业生也不是都可以进中央台的。那天我在老潘的办公室给他放映《夏日的回忆》，告诉他中央台想要我的事，他当即表示："只要你愿意，我支持你去。"我花了单位好几年钱和时间，最后要是走人了，老潘要担待很多的。我很感激他的态度，这在当时的领导中非常难得,虽然最后我没有选择中央台。我永远感谢他的知遇之恩,同时,也庆幸自己的选择。后来,老潘受到了好几年的不公正对待,虽然还在岗位上,但我可以感到他的压抑。前年我和妻去看望他,七十多岁的老人,依然有着坚毅的状态。

狄源沧先生

"星期五摄影沙龙"在"四人帮"垮台后达到高潮。开始老师不固定,池小宁为大家操持,今天请这个明天请那个,直到请到了狄源沧先生,我们的老师相对固定了,那张破旧的沙发慢慢也成了他的专座。狄源沧老师每次上课都很准时,开讲前总是先问一句,还等不等了。那时来沙龙的朋友很多,经常是一二十人,甚至更多。道远的有通县的,有石景山的,而我从卢沟桥赶来。

狄老师见多识广,又懂英文。我们从他那里知道了许多外国摄影名家。每次讲课,他总是带一只不大的手提包,进屋坐下后,便把它放在那张破沙发一侧的地上。包里一定又装了好看的东西,但谁也不去打听,更不能翻看。狄老师总是在讲课的过程中,不时从手提包中拿出些图片、画册,有时是书籍摘抄什么的。这像是他讲课中的一种节奏转换,总是从某种停顿中产生更大的未知。狄老师讲课生动,又很尖锐,听起来很是痛快。他经常用手势配合语言,激动起来,手臂一挥,做个什么动作,好像要从那张沙发上飞腾起来似的。只是沙发的弹簧都已露出,先生那矮小的身躯只能又深深地陷在其中。我们常拿自己的片子给老师看。他不仅马上给予评说,而且还能把画面记住,不知道哪天讲着讲着会举出某人拍的某张片子同大师的某张比较一下，那种感觉真是又惊又爽。来池小宁家聚会，只有老师才能享受到茶水或咖啡。聚会结束后，先生首先收拾起他的那只提包，拿在手上。小宁等众弟兄陪老师走到胡同口，大家目送先生骑着一辆旧自行车，独自消失在夜幕中。

1978年夏天，我一人进山数日，并写了一篇随感类的东西。回来后拿给狄老师看。在兴化胡同10号，那间窄小屋子的地铺上，他很认真地逐段评说。他说他喜欢我的文章，虽然错误病句也多，但有一种鲜活的东西，很真实。他讲了许多摄影大师的经历，同我聊读书、体验和创作的关系。我慢慢知道了先生心劲很高，多年来几乎都是孤军奋战。他深深希望我们这一代人冲破旧的一套，有所创新。这一点我听许多影友都讲过。先生的房间很拥挤，除了那张地铺，到处都是书籍画册和夹在这贴在那的字条、摘抄、剪贴的图片，几乎没有下脚的地方。每次拜访，真就是促膝而谈。先生的家集卧室、书房、会客，有时甚至是饭厅于一间。偌大中国，摄影老人居一斗室，若非亲见，很难相信。我常惊叹狄老师从哪里弄来这么多珍奇的摄影画册，这要收集多少年！特别是他不停地在做翻译工作，哪个年份、具体地点、名称拼法，都要认真地反复核对。这些都是那个年代许多朋友亲眼所见的。在我的印象中，上个世纪真正把世界影像介绍给国人大众的，非狄源沧先生莫属。这是一件功德无量的事情，我等后辈应该永远感谢他。

对狄源沧先生，我们当面都叫他狄老师，私底下又叫他老狄。他不仅给我们讲课，还不时带我们外出创作。1979年6月，老狄又带着众弟子进了海坨山。山口有水库，大家沿着山上的小道行进，老狄来了兴致，非要游泳进山，大家只好委派一位水性好的相陪。

我们拿着老狄的东西在高高的山上行走,低头俯瞰,如镜的水面,老狄如蚁,先生挥臂击水,胜似闲庭信步。

1999年12月,世纪末的一天,众弟子请老师吃饭。这些年,兄弟们各奔东西,聚少离多,先生也奔了七十,下一个世纪又将是什么样子呢?席间大家向恩师敬酒,先生欣然受之。那日菜肴丰盛,不免剩余,老狄叫来店家,全部打包,通通带回家,声称要慢慢享用。2003年春节期间,池小宁招呼几位先生的入室弟子去看望病重的老师。冬日的太阳像个鸡蛋皮,墙上似乎干枯的枝条在空气中晃动,并投下长长的光影,一只麻雀倏地飞过,在楼房间留下很大的声响。小宁一脚蹬在墙上,用手捻着干脆的树叶说着,上次见老狄是多少年前了。进屋后,老狄在卧榻上向众弟子问话,他清楚地记得大家的兴趣爱好,以前曾拍过什么,师生在谈话中,似乎又回到了当年。

狄老师晚年在家中养了一群小鸟,它们陪伴先生走完生命的最后路程。2003年4月送别那天,我一直蹲在大厅的角落守着一台盒式录音机,播放着特意为先生编排的《安魂弥撒》。先生的灵柩要走了,我换上最后一段为他准备的《圣母颂》。至此,完成了众多晚辈们对先生的最后祝福。

影友池小宁

我认识池小宁就是缘于摄影。北京新太平胡同11号院,那里的三间平房见证了一群摄影人的最初求索,在二十世纪七十年代的后几年,这里的每次聚会都有一点秘密的味道。院门口二三十辆自行车,讲课老师准点到达,交替传阅的大师画册,屋里小线绳上挂照片的展览——这里就是池小宁的家。新太平胡同的每周聚会经常人满为患,小宁最后只能倚在门框边站着,用小本记些老师讲的话。这种摄影聚会假如换在别人家,估计这段历史也就没有了,这需要太多的付出和奉献。

2003年4月下旬,我在云南,小宁来电话相告北京的"非典"秘情。同时,告诉我他最近拍了一个不错的片子,一定要找时间看看,它就是我回北京后不久便被停播的《走向共和》。小宁从日本回国后,进军影视,我不时见到他的作品。在我的记忆里,这是他唯一一次很自信地向我"宣传"他自己的东西。

历史上的四月影展,有些人认为是"四五"天安门摄影的延续,其实不然。一些"四五"的摄影者,很快进入相对纯粹的创作状态,池小宁应该是杰出的一位。另一个事实是,没有池小宁家摄影沙龙的集体加入,1979年的"自然·社会·人"展览将会是另外的样子。在其中的组织、策展、具体实施等方面,池小宁的作用不可或缺。四月影展第二次后,不纯粹的东西越来越多,小宁毅然地退出了四月影会,这在当时绝对需要勇气。四月影会后来的解体,证实了小宁的先见之明。

其实池小宁在"四五事件"中,拍摄了许多相当有水平的图片。他曾爬到纪念碑可爬的最上部,用广角镜头拍摄了广场的大全景,这种记录我至今未闻有人超越。中国历史博物馆也最早收藏了他的作品,只是对这些小宁自己很少提及。"四人帮"垮台后,小宁更愿意同伙伴们求索创新。他认真刻苦，机敏自然，软件硬件、前期暗房都在他的钻研之列，赶上不多的外国图书展，他会在里边连续泡上好几天，为我们展现出一个摄影者的最佳状态。

池小宁四十岁前后，几次生病都住在北京中日友好医院。这里离我家不远，我有时晚上溜达过去同他聊天。有一次我问他自己的事怎么样了，他从挎包里摸出皮夹子，翻开里层，抽出一张比五寸照片还小的照片，递给我。我一看，人很漂亮，似乎也挺有个性，问他，是中国人？小宁说，日本人。我问进展如何，小宁又从皮夹子里抽出一张合影，全景全身立像，不是并排而站而是呈一定角度，两人相距七八寸，视线都直视着镜头。我说这可不容易。是的，小宁很珍惜这份缘，不久他的女儿出世。2007年小宁西去时，孩子已经上小学了。

小宁买的房子在一楼，自家门前有一块七八平米的草地，小宁布置上小凳木马和一具小摇椅什么的。孩子成长时可以在有阳光有地气的空间中玩耍，这是一个父亲对女儿的期望。装修房子时他自己设计了卫生间、餐厅、卧室柜和玄关，为了做一个精彩的面盆，他跑四城地淘来一个不锈钢炒锅，中间打孔，接上下水管，和玻璃台面融为一体。1999年出版社编写"新生活丛书"，我还特地去拍过照片，有三张用到了书里。

2006年夏末的一天，在北京的北三环路边，我见了小宁一面。先前我洗给他几张他与老友阿城的现场工作照，他告诉我还想要几张，我洗好并写上了字一直在等待机会。这天他进城去医院，我就在路边等他。记得是剧组的一个小青年开的车，没等我去开车门，黑色的车门已经打开，小宁依然很敏捷地跨出。他的头发长了，有些乱，一个大白口罩显得脸更黑了。还像以往交接东西一样，我把照片给他，他仔细过目，收好。相互问候着，相互关照着，一如几十年前。几分钟后，我催他赶路。小汽车远去，消失在车流中，看不见了。我站在马路上，心情极难受。

我不知道小宁是如何喜欢上摄影的，但我知道他对摄影的热爱是发乎内心的，他在实践中是刻苦机敏的，他在追求上是有自主性的。池小宁求索摄影付出了一生的光阴，纯粹坚定，而且自自然然。我常想，求艺是一种境界、一种生活、一种常识，最终能用自己的方式说出属于自己的话，也就是修成正果了。人生自古是句老话，小宁却像山野里的清风，这是我永远感谢小宁兄弟的。

做 作 业

在广播学院期间要经常做作业，学习拍电影，作业当然是拍电影了。不同的是，拍摄完的胶片要自己手工冲洗印样片，声音只能用砖头录音机现场录，再把资料剪辑合成。由于我在拍中学生，大多数作业拍的是他们。

拍电影不像拍照片，我必须同学生打交道。初一有一伙男生喜欢踢足球，还不时约外校的打比赛，下午一下课，这伙人便呼啸而去。有的家长担心孩子的功课，老师的态度是，只要完成好作业，还是挺支持的。这只无名球队存在了很长时间，球员们几乎不戴眼镜，一个个小身板都挺结实。有一次学校组织春游，和当地的学生发生摩擦，老师出面也不行，这伙球员整体出动居然平息了场面。他们并没有动手，但有一种气势，有事不怕，话又说在点上，对方安静了许多。在拍球队的过程中，发现他们个性突出，业余生活的丰富超出了我的想象。我喜欢串门，那时叫家访，我以大朋友的身份看到了他们的多面色彩。比如他们居住的房间，墙上贴些什么；抽屉里都有什么，摆放的情况；什么时间做作业，用多长时间，做作业时伴随着什么；课外读物是些什么，订什么杂志；有什么爱好兴趣，自己动手干什么；经常和谁在一起玩，是发小还是同学；有几双鞋，都是什么样的；自己干不干家务，都做什么；周末都看什么电视节目，常看电影吗；晚上都干什么，几点睡觉，几点起床；父母的房间是什么样子，他们都是做什么的；厨房卫生间的具体细节，甚至所有窗帘的种类花色……

我曾经拍过一个作业《星期天》，男女生各选三名，展现他们的家，进入他们生活的琐碎之处。因为对初中学生来讲，除了学校，家庭就算他们的全部了。居住情况千差万别，令我惊异。家长的工作和价值观念构成了学生们的重要背景，学生们在家中有许多事情在做，甚或是秘密。我选择的北京一七一中学的学生家庭经济情况普遍较好，大多数学生都有自己的空间，即使没有单独的房间，家里也会隔出若干平米归他们自己支配。电视虽然开始进入家庭，但抢不走学生们的注意力，他们有许多课外读物和事情吸引他们，家长不用控制看电视的时间。写日记什么的习惯还相当普遍，就算抽屉不上锁，家长也几乎不去看。那时有些家庭还有老人同住，学生们普遍会为他们做些事情，挺自然的，父母都要上班，他们不干谁干？八十年代初，作业负担不算重，初二有个班的学生就自己办报纸，不定期出版。内容很丰富，有编采的，也有学生自己写的，版式设计就是想象力的舞台了，这件事我也拍进了电影作业。

拍电影似乎同拍照片无关，其实大有关联。对光线的观察与把控，搞电影的人做得细致，拍照片的人一般粗糙，甚至有些失控。以前有闪光灯，后来有可以在弱光环境使用的数码，这些设备让许多拍摄者自动放弃了影像中很重要的一块东西。观察力的培养也是拍电影带来的好处。按下快门容易，抓取瞬间也好像已经不是问题了，但其实我们许多时候是闭着眼睛在照相。我虽然放弃了进入中央电视台，放弃了十分诱惑人的电影拍摄，但拍电影的那段经历奠定了我的摄影的一块坚实基础。二十年后我拍摄《妻子》时，拍电影练就的功夫发挥了重要作用。

高 三 学 生

时间长了，去学校就成了惯性，有事没事就去转转，应了那句话：有枣没枣三杆子。那时我还在单位上班，业余时间几乎都愿意往学校跑。有一次上班后没事，扭头就奔了学校，那时校门口有值日的学生，主要是监督迟到的学生，见我匆匆赶到，认为我是高三的学生，一定要我在迟到本上登记。那天早上传达室的老大爷临时出去了，我想了想，把名字写在本子上。

我选择中学生作为我首先开始的专题，其实也有年龄的考虑。摄影不是强制行为，你就是新华社记者，一个大老爷们混在学生中也不好开展工作。我二十多岁时，长得比较少相，穿戴注意些，冒充个高中生还凑合。摄影是近距离接触对象，双方太悬殊的话，对工作不利。学生们有什么事愿意告诉我，除了对我的信任，待在一起不太显眼也是原因。1984年初夏，学校要文理分班，我初一时进入的班级已经是高一的了，他们偷偷告诉我：某天晚上，北海五龙亭。我如期赶到，果然就我一个"外人"，没有老师。三载同窗，分别的聚会开始了。夏空深蓝，湖水映射着点点灯光，亭子如画框般镶嵌住琼岛幽幽的身影，录音机中的圆舞曲把同学们带入了欢快且伤感的情绪中。乘凉的游客在不远处围观，窃窃私语不时传入耳中，此情此景有点像一出舞台剧，亦真亦幻。我记录下这梦幻时分，连同我对他们的祝福。

开学与毕业时我一般都会到场，不一定能拍到什么，那种气氛我很享受，它会滋补我的拍摄。我为学校拍过几次毕业合影，晴天雨后都有，那种时候我只好站在幕前了。在单位我经常干这种活儿，副总理部长什么的都经历过，组织学生不在话下。我同照相馆的打法不一样，要考虑空间关系，光照效果，最好再有一点点意味。我总是在所谓开拍前就下手了，这时人物千姿百态，神情都是自然流露。几年下来，我积攒了一些这样的照片，它们成了《中学生》的组成部分。1981年春，初一学生在潭柘寺的大合影我就是这么拍的，并分发给了他们。二十多年后，他们已是社会中坚，相片还珍藏着，视为青春的真实印记。1983年12月31日，又是一年一度的狂欢日，这是三百六十五天中唯一可以不守"规矩"的日子。辞旧迎新也好，又长一岁也好，青春的热情可以尽情地挥洒与燃烧，老师多半只是个轻松愉快的旁观者。经费是有限的，学生们总能够把每一分钱都花在实处。这一天的晚上也是我的节日，忙不过来呀。

每进一间教室都是一片新天地，风格品种太丰富了。学生们对我的到来十分欢迎，有时甚至鼓起掌来，弄得我挺不好意思。我能为他们拍下什么，他们从没有要求，他们只希望得到我的赞同与欣赏。我来到他们中间，似乎对他们是一种鼓舞和激励，他们需要青春的见证。时常是我都不好意思离开，但我又需要离开，从初一到高三，我有多少真诚的朋友啊，他们都希望我的出现，而联欢的时间是有限的。有时我在楼道里徘徊，犹豫着不知该进哪间教室。

那时没有高速片，慢速手持机拍摄凭的全是基本功。在一间初三的教室，学生们的主题是迎接十六岁的成人礼，日光灯管全包上了彩色的皱纹纸，屋里很暗，每人手里一支蜡烛，轻轻的音乐更显得气氛浓郁。桌椅已然摆在教室四周，男女学生们围成一圈，天花板上垂下的彩条高低微动，点点烛光照亮在胸前。这时的我不敢随便乱动，这神圣的时刻似有教堂般的庄严。学生们请我为他们合影，黑板前，日光灯管下，我把蜡烛相对集中在讲台桌上，不敢再手持，垫在课桌上，自拍机的吱吱声回荡在岁末的夜空。

寂 静 的 校 园

校园寂静吗？当然。学生们越喧闹，校园越寂静。这寂静中各种声音都存在着，平时可能听不见，但只要你也静下来，各种声音滚滚而来，它会滚过你的心头，把你淹没。这是我最享受的时刻，这是我休养生息的时刻，也是我伤口流血，用自己的舌头舔舐的时刻。

妙峰山山顶的种子在校园里长大，一旦投入那肥沃的田野，它便自由成长，我再也把控不了它，它不属于我了。我能做的仅是尽心地看护它，它需要自由飞翔。

一七一中学的校园视野很好，西向没有很高的楼，无论春夏秋冬基本都可以看到落日的余晖。东向虽然有树，但更东边的楼房较远，也就显得比较矮了，清晨不阴的时刻，太阳从树后升起，会在操场留下很长的树影。特别是夏天，太阳靠北，角度很大，树影会横扫整个校园。我经常为看这光影早早来到学校，心里暖洋洋的。那时早晨开校门是有钟点的，总是会有早到的学生在学校门口等着，我就算半个老师吧，可以有特权提前进校园。校园的地面在我的印象中是不断变化的，1979年刚进学校时，感觉操场上还有土和零星小草，后来用一种三合土的东西代替，草就不见了，但还是有柔软的感觉。再后来用一种类似沥青柏油的东西，看上去平整光滑，踩在上面不打滑，很硬，我是不喜欢。那次换地面，还弄走了几棵树，这是我最愤愤不平的。这种地面在我1987年离开学校时还在使用，2007年我又去了一次学校，天哪！满校园都是一种橡胶状的东西，踩在上面，软软的，但那不是土地，没有了丰厚地气的滋养，人会是什么样子？

这所学校有一座十分漂亮的教学楼。1979年我头几次到学校，曾用120相机拍过几张校园全景，多少年后放大它们，居然在楼正面的墙上发现了"红卫兵万岁"几个大白字，我分析这是座五十年代的建筑。它的楼顶是双坡面，有瓦，这是冬暖夏凉的保证。窗户很高，纯木质，室内一侧是淡黄色，室外侧是铁锈红，造型秀气典雅，功能到位准确，阳光透过窗帘洒满教室，人坐在里面，读书的心情油然而生。窗形是楼房外立面的核心，红窗与浅白和灰的几大块外墙面搭配得富有节奏，四季的阳光照在上面，很是令人神往。

楼为四层,上面三层灰砖勾缝,一层的外墙使用传统的水磨石工艺,灰白的小碎石铺满墙面,石与石之间有浅沟槽,每当下雨,墙面湿漉漉的,似有似无地流水,特别诗情画意。我最钟情的是教学楼的两扇大门,一层的门与二层的窗用边框连成一体,并把窗户做成半圆形,远远望去像个细长的"∩",在教学楼的整个外立面特别显眼。

白天也有安静的去处,那就是自行车棚。到八十年代中期,学生骑车上学已成风尚,几乎一人一辆,颇为壮观。上课后,成片的自行车一辆挤靠着一辆,简直就没有下脚的地方,我真佩服他们是怎么取车回家的。有寂静就有喧闹,下午的街头,学生的车流把活力与朝气洒向所到之处。要说记忆最深的,要算绿色了,教室与楼道里所有的墙面下方都是那种特有的绿色,学生在时你看不见它,等到学生消失,它会赫然显现,突然来到你的眼前,使你跳动的心瞬间有停止之感。这绿色成了这个世界的代言,它们不仅承载着那许多鲜活的具体,也产生出每日新鲜的思绪与念头。事物总是在限制中发展,甚至越有限制越有创新,学校的天地确实狭小单调,正如此,在拥挤与碰撞中才会有无限的活力。

男 生 和 女 生

在学校摄影这是一个无法回避的问题,少年长大了,男女在一起,怎会风平浪静呢?我上初中那会儿,男女生不怎么来往,学校居然号召打破男女界限,有很长一段时间这成了学校的一件工作,到现在我也不清楚动机何在。"文革"前实行男女分校,不清楚上学是个什么感觉,"文革"破除了它,现在老师又动员男女生在一起做事情。我拍中学生,开始还可以感到这种遗风的存在,不过很微弱了,学校不用再号召打破什么,社会的发展似乎已经打破了观念上的屏障。那时男女生的接触比较坦然,有事就办事,完后都有自己的小天地,家长也不用总是担心。

有一次在放学的路上,下雨了,男生用手挡在女生的头顶上,雨自然还是会落在女孩儿身上,可男孩儿依然一路就这样用手为那个女生遮着。那时已开始有所谓"某男生与某女生好"的话,但这个好,是名副其实的好:一起做作业,有事情互相帮助,到对方家里做客是个极限,多数不背着家长。放学回家的路上单独两人的情况不常见,好,就算可以,但抛弃哥们儿是不行的。有一次在教室就俩人,自然是男女生各一人,他们都在教室的最后一排做作业,两人之间隔着两排桌椅。我进屋后,只能听见夕阳移动的声响,他们是那么专注地在看书写字,似乎别的什么都不存在。但我可以强烈感到波与场的存在,对方的每一次心思念头都是可以相互感觉到的。我觉得自己是个不应该出现的第三者,拍下他们后,我悄悄地走了。

有个很有意思的情况。你学习成绩好,你和女生好就没人说你,甚至还维护你们,如果学习不怎么样,似乎就是交朋友影响学习了。我认识一对学习尖子,两人不错,好像家长也有所默许,他们可以在学校公开往来,一切天经地义,就连老师也不好说什么。记不清是八几年了,学校开始号召"五讲四美"。其实开始是"五讲五美",还有一条"仪表美"。这五美写在大标语上,横挂在学校门口,没多久标语还在,五美剩四美了。我问过校长,为什么取消"仪表美",校长说上级领导怕学生讲究穿戴,影响学习。我明白了，说白了不就是女生穿得漂亮了，怕"搞对象"的多起来，这是什么逻辑呀！后来的推广校服证实了这一点，怎么难看怎么做，不分男女，特别是女生的，宽松肥大，生怕什么魔鬼显露出来。

那几年，许多中学还是社会上最后一块净土，还可以保持相对的独立性。特别是八十年代初期，学校还可以组织不少课外活动，在寒暑假里，一定有不少兴趣小组在活动，而不是什么学习。补课有，那一定是期末考试不及格，老师花一小段时间，有针对性地进行辅导，争取补考及格。而那些兴趣小组、课外活动恰恰给学生们自由接触创造了良好且真实的土壤。相互吸引有什么不好，探求未知的世界本来就是人生的一大使命。既然是一条必走的路，何不让它健康成长。那时有些老师就主动组织男女生在一起做事情，鼓励他们互相帮助，这期间生发出那许多小情意，细细品尝是一种文明的进步。当然也有裁判过严的事情，一个高一的女生在一次集体春游时，总跟一个男生在一起，后来被学校团支部评为不合格团员。我认为太过分了，团支部书记我很熟，找到她，义正辞言了一番。她最后说找个机会给她摘掉这个帽子。这是我几年学校生涯里，唯一的一次干涉了他们的内政。

我总认为，男女相悦是基本人权，重要的是要享受细腻的过程，而中学恰恰提供了这样的时间与空间，是十分难得的宝贵时光。妙峰山山顶提示我的就是这种过程，事物达到高潮就要结束，谁愿意生命早早完结呢。现在不少中学生一步到位，基本省略了过程，自诩为现代时尚，其实是一种生命的透支，是退化的表现。那时的中学生喜欢写诗，现在社会上的诗人都难寻了。八十年代的中学生不能被复制，他们只能是那个时代的产物。

曾经有人让我再拍一下现在的中学生，说是对比才有意思，我认为毫无意义。不同时代的对比，既无可能，也无价值。我们只能解决当下的问题，艺术重要的是独特的感受，而非寻找共同的规律。

有不少人说我专拍好看的女孩，还真不是这样。如果我把注意力放在这上面，《中学生》一定是另外的样子。那时的中学生好看，是因为她们脸上真有纯真烂漫，她们内心总还相信着什么，那时的恋爱是真恋爱啊。说句糙话，男不像男女不像女，加在一起肯定不好看。罗丹说真正的女性美很短，就是告诉我们过程的重要，并非真只有几个月。换一个角度看，如果没有男生们的状态，缺失了另一半的呵护与辉映，那时的女生也不会如此美丽。

一 首 儿 歌

我的小学上了五年就"文化大革命"了，但有三首儿歌印象颇深：《少先队队歌》《让我们荡起双桨》《我们的田野》。其中最合我意的是田野那首，一个人向野外出发，随意而行，无拘无束，那是我少年的理想。那两首也好听，配上词儿就没劲了。

我家附近有铁道，跑去看过火车是儿时的一大乐趣。几个伙伴里就我胆儿最大，一次比一次近，越近越想再近，那真是不知深浅不怕死。随着汽笛长鸣，黑东西越来越大，排山倒海，随之我们像打了吗啡，狂呼跳跃，红色的大轮子从眼前一扫而过，轮子上的大横梁穿梭不停。那是需要瞪大眼睛的时刻，总是在心里把那瞬间无限放大，一遍遍地回味。后边的车厢就没意思了，虽然也在看，心思还在火车头上。那时全是蒸汽机车，车头的玻璃窗后面总有一个戴帽子的人，在瞭望前方吧。我想我们的欢乐给开火车的人带来不少麻烦，肯定是担心啊！不仅如此，我们有时把枕木旁的石块放在铁轨上，观察它被碾碎的一瞬，有时一块，有时两块，还有一次在两根铁轨上全放上了，这还了得！他们采取行动了。有一天，我们赶点等在铁道旁，期待着激动人心的时刻，火车由远及近，又是汽笛长鸣，我们没有丝毫离开的意思。随着"哐哐哐哐哐哐哐"的声音，火车的气浪已经可以感到了，我们的欢呼声起，还没等到跳跃，火车已然近身，随着"刺"的一声鸣响，一股白雾铺天盖地而至，瞬间我们全晕了，不辨东西上下左右南北，站在那儿不敢动，等到白雾散去，火车早已不知去向，再看身上，已然湿透。

我喜欢沿着铁轨走，总在想，这铁道的尽头是什么样子呢？所以我一有时间就顺着铁道往前走，但每次都没有看到头。一次，我约了一个小伙伴，决心走得更远，一定要走到尽头。铁道两边的景色已是新鲜了，一条大河出现在眼前。铁路桥一般不许走人，专走火车，我们不甘心绕到人行桥上去，上了铁路桥。这种桥是铁木结构，桥面上的木板有间隔，我们人小，步幅有限，再加上从没走过，新鲜得很，一边走一边玩，忘了有火车这件事。忽然听到有人大喊："火车来了！你们不要命了！"惊回头，大黑家伙已经出现在不远处，这下害怕了，拼命往对岸跑，跳下铁轨，几乎是滚下坡，惊魂未定地坐在河边。这时我们才看清，喊话的是一位大嫂。

上初中后，我结束了在铁路上的探险，把这股心气儿用到了爬山上。我喜欢《我们的田野》，就是因为它的曲调好，一唱它，走在铁轨上的感觉就出来了，不紧不慢，东张西望，有充分想事儿的空间，越唱心越静，心静想得远，心思已经到了铁路的尽头。这首歌的词也好，都是我喜欢的东西，一样一样地不断出现，像过电影似的。曲和词组合成一片视觉的景象，它纯粹单纯，既具体又虚无，人在其间是一种灵魂的解放，内心深处的东西慢慢升腾出来，刻印在感觉中。这种东西你在拍摄时会起作用，只要眼前的景象出现，你真的看见了什么，感觉到什么，进入现场的通道会打开，你可以抓住你想要的东西了。《我们的田野》在听觉上训练了我，使我在进入学校时，可以抓住中学生。

二十年后再相聚

我1987年离开学校后，同那些学生就基本失去了联系，但我相信他们会是国家的栋梁。2009年春节过后，我突然接到一个邀请，一些当年的学生要请我吃饭，原来他们在网上发现了《中学生》，才知道这位老师干的是这件事情。他们都已为人父母，都在各自的生活中奔波着，幻灯和电影的放映令他们看到了当年的自己。席间，他们的话并不热烈，他们在认真地看，仔细翻阅着我送给他们的小册子，不少人在发呆。我特想知道他们是怎么看待自己的中学生活，又是怎么看待《中学生》呢？但我没有去问，如同当年我去拍他们，这种视觉上的解读非语言所能表达。我很清楚，他们已不是当年的那些中学生，那些中学生只属于八十年代，属于《中学生》。

《中学生》在1987年以后也零星拍过，纯属惯性，内心讲已经没什么可拍的了。那几年似乎已没有了八十年代初的许多,学校在变,我的心情也在变。1989年6月下旬的某天,我和女朋友来到北京颐和园,公园里人很少,显得十分清静。我的心情是一种风暴过后的平静,总感到怅然若失。路过长廊,有几个大学生模样的年轻人在跟着录音机跳舞,快速扭摆中,昆明湖上的几只游船像是漂浮在另一个世界。女朋友走进长廊跟着扭了一会儿,我在廊外拍下了这个场面。我一下子感到:一个时代结束了!

一旦放下机器,气很难倒过来,一直到1991年,才开始了《矿区劳动者》的拍摄。《中学生》做好样片封存入库,我几乎没有去想它还会有出头之日。我喜爱摄影,能有心气不断地去拍些什么,就是很大的快乐了。2004年,朋友巴力问我:"除了行活,你拍过作品吗?"我告诉他,我拍过中学生。后来在巴力的操持下,举行了《中学生》的第一次观摩会,那是在北京的一间酒吧,用幻灯机放映,然后大家撮一顿。那次请来了不少中学和大学的老师,他们看后十分激动,说要给教育部打报告,搞什么教育革命,我挺吃惊的。

《中学生》解开了妙峰山山顶的秘密吗?对我个人来讲,也许它仅是用我的方式去尽力表达我的心思,如此而已。

2010年7月10日
北京和平里上岛咖啡店无烟区

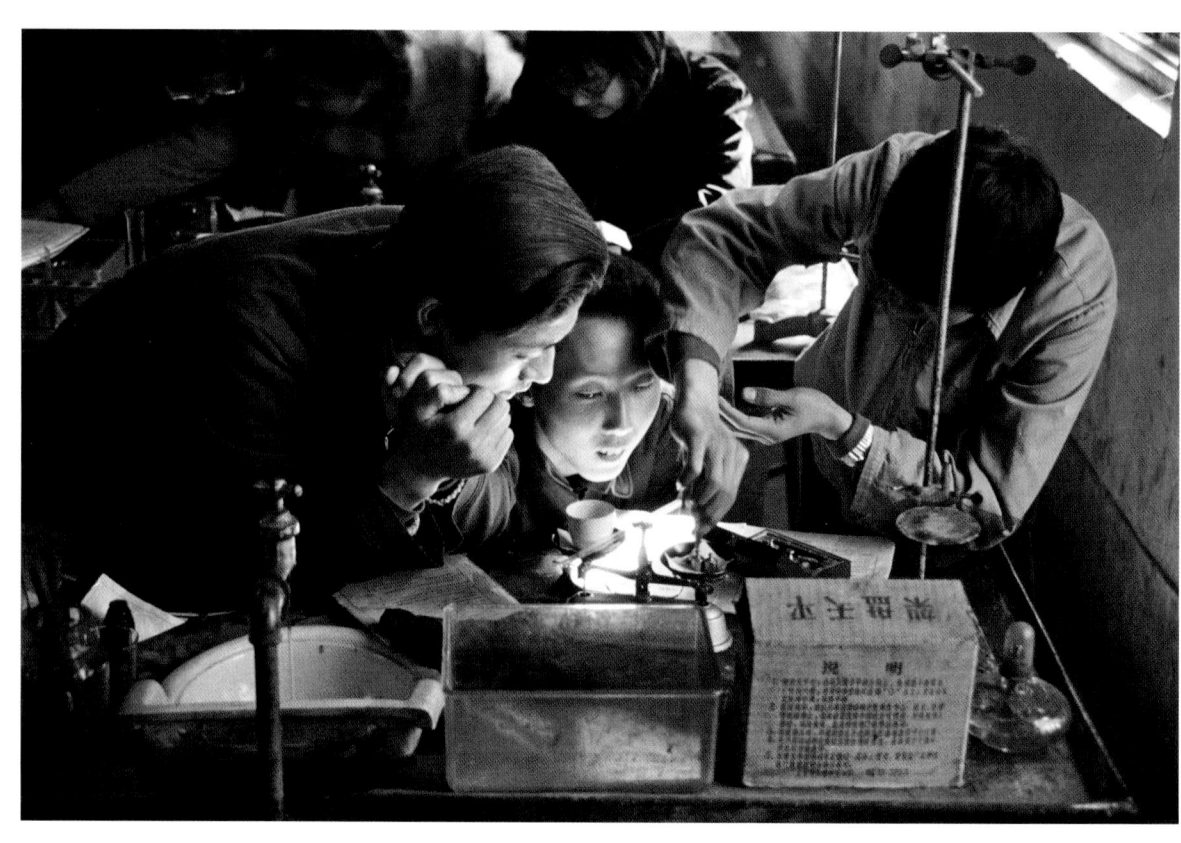

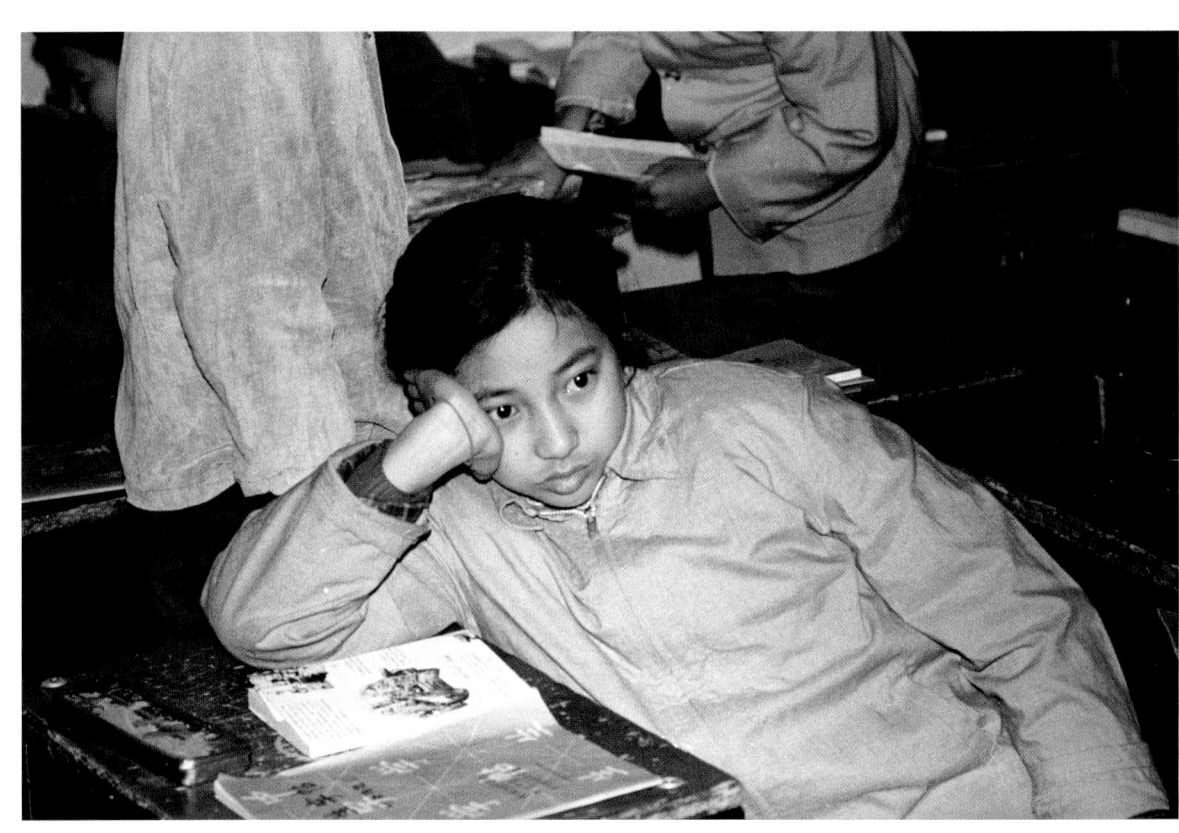

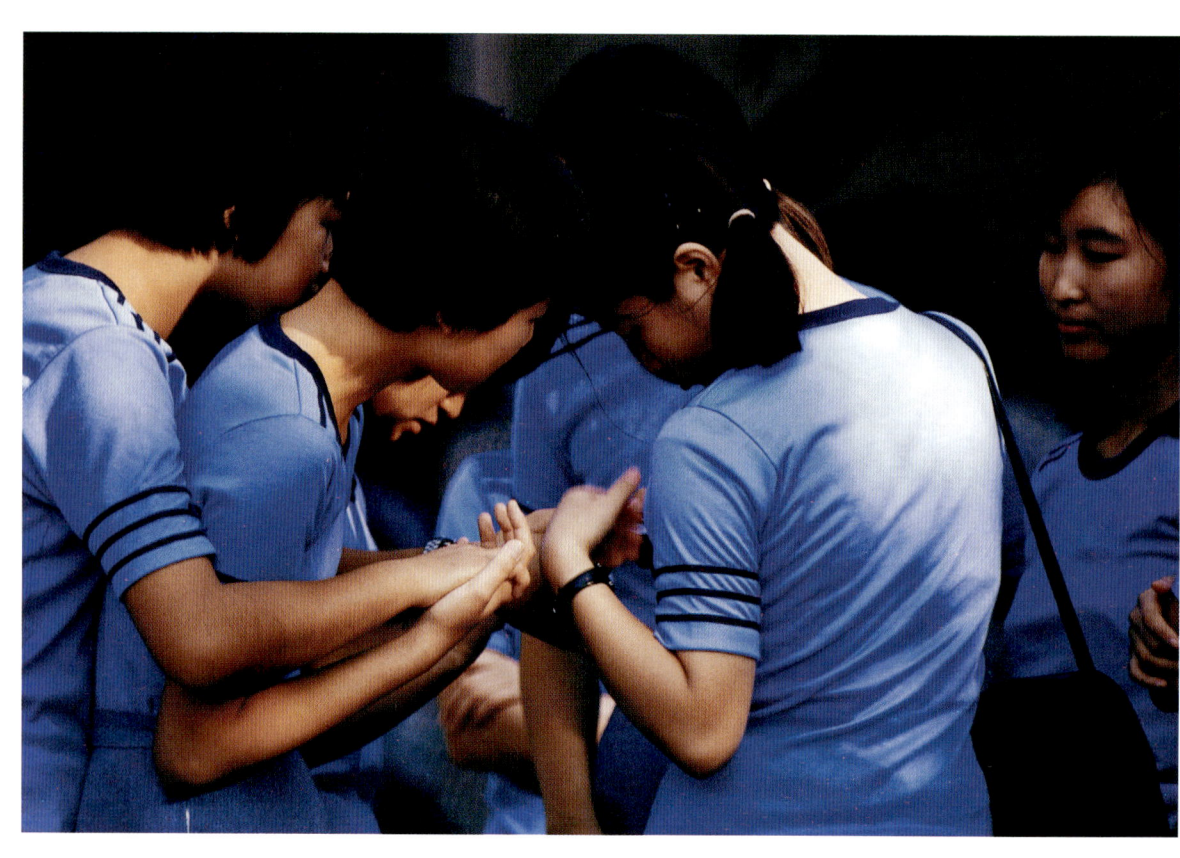

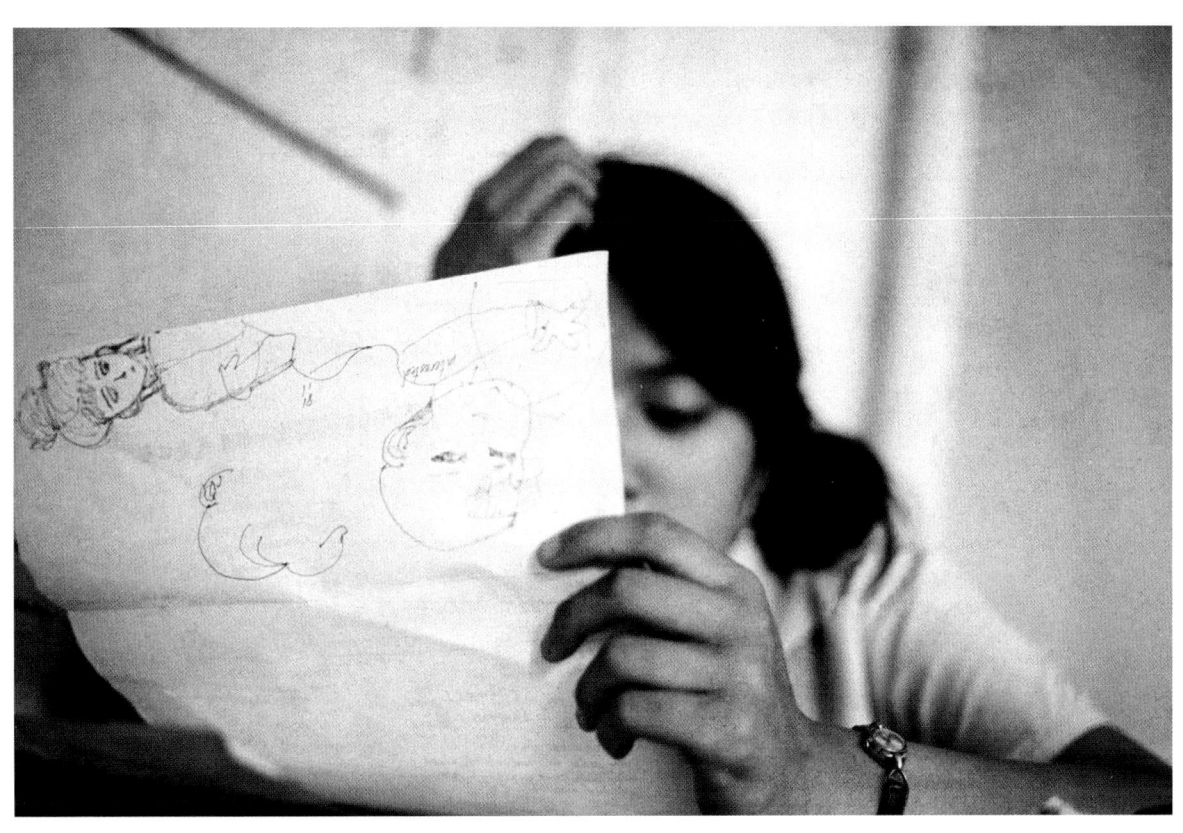

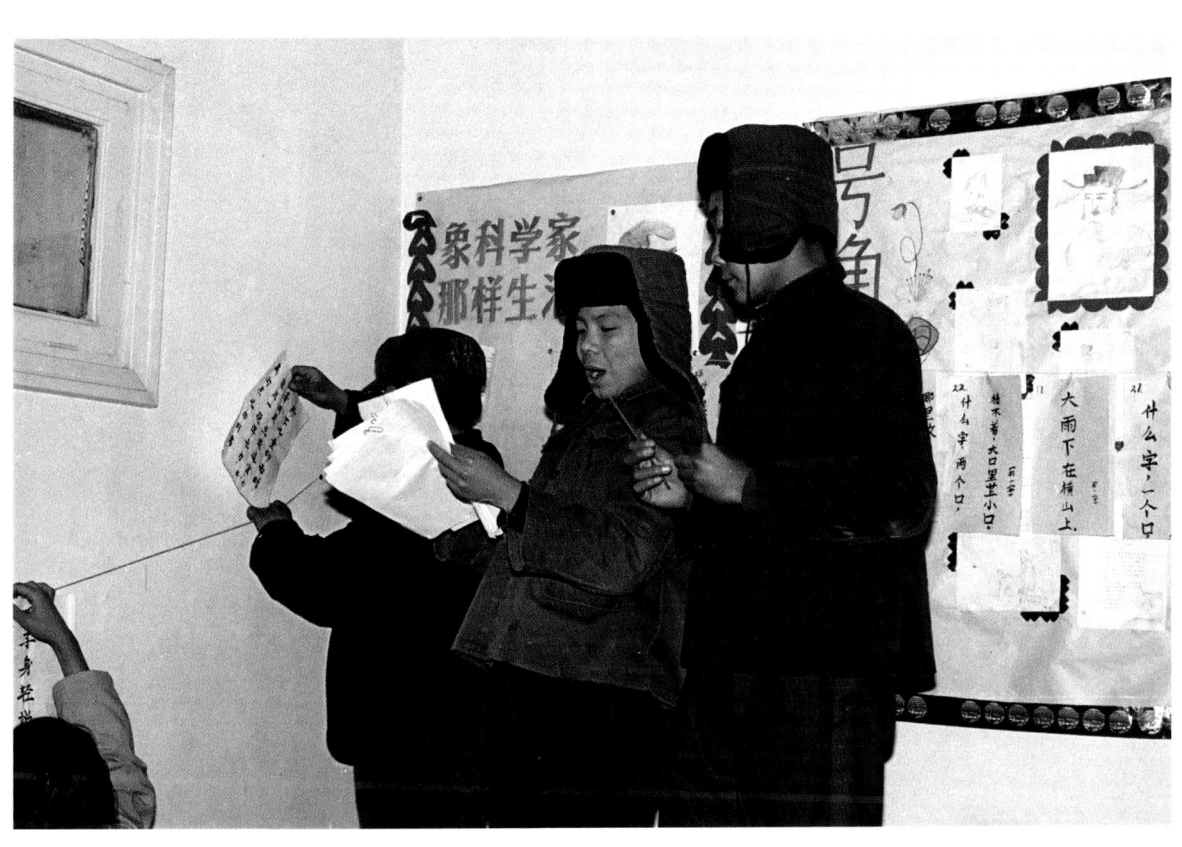

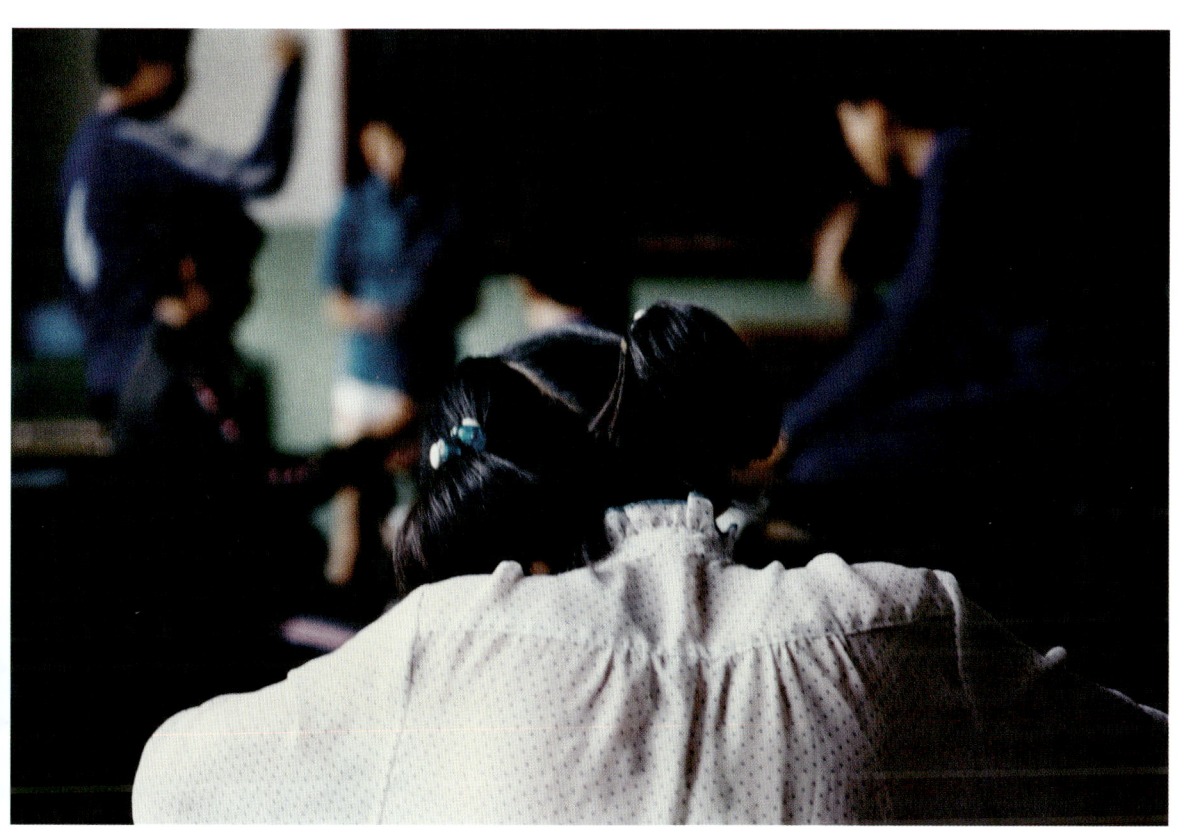

1 1975年10月4日
北京上方山　摄影：李建
我正在山中打开我的上海202。这次爬山我们决定拍拍彩色的，保定"代代红"是合资买的，可下山后许久才冲出来，冲洗费太贵了，而印出照片则是二十年后的事情。

2 1979年5月
北京紫竹院公园　摄影：和俐
我参加四月影会的照片都是用这台相机拍摄的。海鸥4A，双镜头反光，皮带缠在手上，有时单手操作。

3 1979年5月
北京顺义北小营公社东釜村　摄影：任曙林
老狄（源沧）带着众弟子在乡村拍照。左起第二人依次为：范生平、孙青青、池小宁，与草帽老汉聊天者是老狄。

4 1979年6月
北京延庆海坨山区　摄影：任曙林
"星期五沙龙"众弟兄在山区拍照。左起第一人为狄源沧，第六人是李恬，第七人是张岚，第八人是池小宁。

1 1979年7月
安徽宿县 摄影：照相馆
那些年常出差，我喜欢在当地的小照相馆，用他们的背景、道具和布光方式，请照相馆师傅用我的相机，给我拍张照片。

2 1979年5月16日
煤科院电影室 摄影：钱淑莲
做了八年维修钳工，25岁时调到了煤炭科学院工作，头几天上班，发了工作服，老职工还给我拍了张照片。

3 1979年11月
山东新汶矿务局某矿井口 摄影：当地人
我八十年代的工作，是为煤矿拍摄安全生产的电影，各种矿井都下过，从地面到地下，从黑暗到阳光。

4 1979年7月
北京和平里 摄影：和俐
这天是高考的日子，我拍了一天回家转。想起自己中学的日子，心情有些郁闷，便叫女朋友在家门口拍下了这张照片。

5 1979年1月1日
北京喇叭沟门鸡冠砬子山 摄影：池小宁
这是我的第一台相机，上海202折叠式。自拍合影前我在取景调焦，小宁给我拍下这张照片。

1 1979年1月1日
北京喇叭沟门鸡冠砬子山　摄影：池小宁
我喜欢爬山，很有一套方法，看得见的是雨鞋、手套、收口的衣裤，看不见的还有衣服里盘在腰上的绳子。

2 1979年11月
山东青岛海滨　摄影：钱淑莲
我出差是拍电影，但照相机每次都带上，不怕麻烦，它就藏在身后，我在寻找目标。

3 1979年5月16日
煤炭科学院电影室　摄影：钱淑莲
我虽是从工厂来到科研单位，而且是专业部门，但我很自信，嘴角眼神中总有那么一点不服的意思。

4 1979年10月
北京香山顶上　摄影：和俐
我很小就崇尚"野蛮其体魄"这句话，中学时，跟"老三届"的人学过几天武术。偶尔得机会，总要露一手。

1 1980年6月
北京天安门广场 摄影：任曙林
进入一七一中学拍照，有幸结识了这伙朋友。他们高二毕业了，我们去小铺喝酒，完后去天安门留影。前排左起第三人是于大卫老师，后排左起第二人是我，相机放在自行车上。

2 1980年10月
山东济南 摄影：路过者
"四月影展"巡展到济南时，我刚好在济南，便自告奋勇地组织了介绍讨论会，当时济南的摄影人挤满了大厅。

3 1981年4月
北京潭柘寺 摄影：赵琛
这天与学生们去春游，班主任老师给我抓拍了这张照片。我们那时拍照，两眼都睁着，据说牛X的战地记者都这样。左肩上的皮革包是单位发的摄影包，很结实的。

4 1981年3月
北京紫竹院 摄影：和俐
单位给我发了台照相机，我终于有单反用了。那时候，有一台135单反相机在手是很牛的事儿，市面上少，我也买不起。

5 1981年3月
不知名的地方 摄影：佚名
有了单反相机，拍照的劲头更足了。那时除了去校园拍照，几乎走到哪儿，拍到哪儿。只是胶片来之不易，很少一个目标连续拍两张以上的。

1 1980年1月
山西玄中寺 摄影：常学农
利用出差可以到处逛逛，文物古迹是我常去的地方，站在先人面前，发发思古之幽情。

2 1982年10月
黑龙江鸡西矿务局林场 摄影：鲍毅红
第一次来到真正的树林子里，很兴奋，想起苦力劳工的种种，便脱光上衣，狠勒裤腰带，抡起了山斧头。

3 1982年10月
黑龙江鸡西矿务局林场 摄影：鲍毅红
那些年，军挎就是我的摄影包。它贴身，取放东西方便，扣上袢儿不容易开，上蹿下跳不丢东西。其实包里除了一台相机和包它的绒布，也就是几个胶卷了。

4 1982年7月
北京第六医院 摄影：任曙林
我有时喜欢给自己拍点好玩的照片。这次在医院看望病人，发现了一面大镜子，就给自己来了一张。

1 1983年3月
北京煤炭科学院 摄影：鲍毅红
我从小很崇拜有功夫的人，特别是在深山古寺里修炼的主儿，特想有一天自己也那样。一次酒后，与同伴豪言：敢不敢？敢！走！一起到理发店剃了光头，最后留影明志。

2 1984年10月
长江三峡 摄影：陶然
逛过一次长江，顺流而下，满目变幻，昼夜涛声。从重庆到南京，与汽笛相伴了好几天。

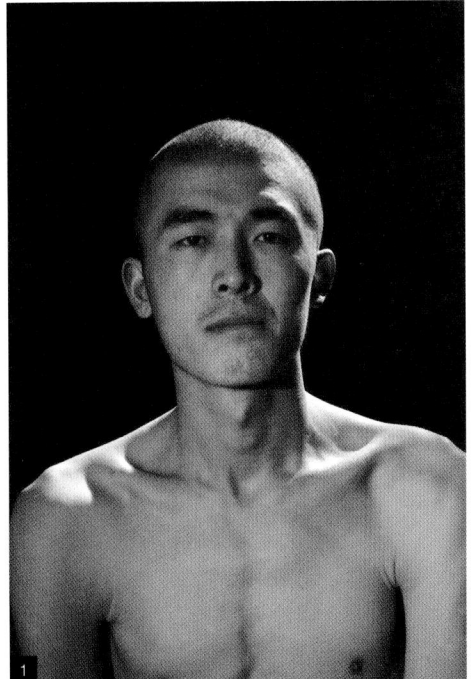

3 1984年8月
北京第一七一中学 摄影：范生平
我去校园总是挽起裤腿儿，为的是随时下蹲拍照方便。那时不兴短裤，那装束也不许进校园。我身后的军挎包是随身之物，拿取方便，不惹人注意。

4 1985年10月1日
北京慕田峪长城 摄影：李恬
拍《中学生》时，有时也同他们出去玩，不一定能拍到什么，但是感受颇多，这会扩展滋养我的心境。

1 1985年8月
河南义马矿务局某矿井口 摄影：常学农
一次从矿井上来，武兴大发。助跑腾空，还要空中扭身，伸手做鹰爪状。在场矿工给了不少喝彩声。

1 1986年5月29日
北京第一七一中学　摄影：范生平
拍《中学生》那些年，"星期五沙龙"的朋友偶尔到现场去过，感谢他们，留下了几张我的照片。不然我就真成影儿了。

2 1986年8月
山东石臼所港口海滩　摄影：吴京京
我小学三年级学会了游泳，又喜欢跑步，所以后来居然还想参加铁人三项赛，确实练过一阵子，比赛嘛，最终没去成。

3 1986年7月1日
北京煤炭科学院大门　摄影：李红争
我曾经的单位：煤炭科学院，一个知识分子成堆的地方，上下班敢穿短裤者不多。这天单位有庆祝活动，我负责拍照。

4 1986年8月
山西平朔露天煤矿　摄影：佚名
山西平朔露天煤矿，是中美合资的一件大事，那年我从这里一直拍到秦皇岛港。从没见过这么大的轮胎，留个影。

5 1986年7月
山西云冈石窟　摄影：佚名
这身行头是我的最爱，特别是布鞋，塑料底、崇福呢面，鞋底儿的布边儿还用白皮革包上的那种，俗称：白边儿懒。脏了，单只鞋用力对拍数下，再用潮毛巾一擦白边，整个新鞋一双。

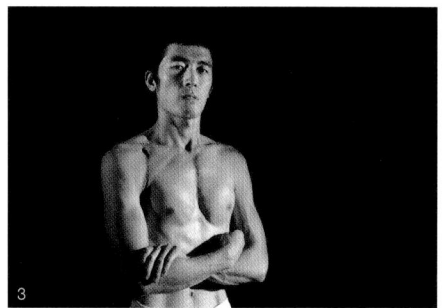

1 1986年11月

北京煤炭科学院　摄影：徐建文

我在广播学院学过摄影，总觉得还是差点什么。后来，自学考取了师范学院，学习了几年中文。那个胸前的校徽，曾戴过几个星期，算是对自己少年失学的回报吧。

2 1986年9月

北京煤炭科学院　摄影：徐建文

开始练健美的时候，我曾跑到照相馆，想照张人体像留念，相馆的人非要我到单位开张介绍信。几年后，我有些肌肉了，不照人体了，来张仿施瓦辛格的。

3 1986年9月

北京煤炭科学院　摄影：徐建文

健美练过好几年，其实就是练块儿。一帮汉子狂呼大吼，汗臭熏天，肉跟铁较劲，那是真爽啊！到了夏天，紧身背心一穿，招摇过市，非语言所能表达。

4 1986年9月

北京煤炭科学院　摄影：徐建文

这就是那种显肌肉的紧身背心，穿着并不舒服，但感觉痛快。其实那会儿上街不光是给女的看，在男同胞面前更过瘾。

1 1986年6月
北京第一七一中学操场　摄影：范生平
为学生拍合影，要有些方法，特别是按快门的瞬间。我喜欢挥手示意，目标大，很容易吸引那些分散的目光。

2 1986年6月
北京第一七一中学操场　摄影：范生平
我在学校拍照，有时也要为学校做点事。这是拍毕业合影前，我用测光表测光，大合影要中规中矩，它不是创作。

3 1986年6月20日
北京第一七一中学操场　摄影：刘旸
从初一跟的那拨学生，今年要高三毕业了。我的心情发生了一些变化，虽然还在拍摄，但笑容有了点无奈。

4 1987年5月
煤炭科学院　摄影：佚名
人的心情变化莫测，照相可以舒缓一下。我记不得这次是为了什么，反正请别人照张相片，似乎心情就好多了。

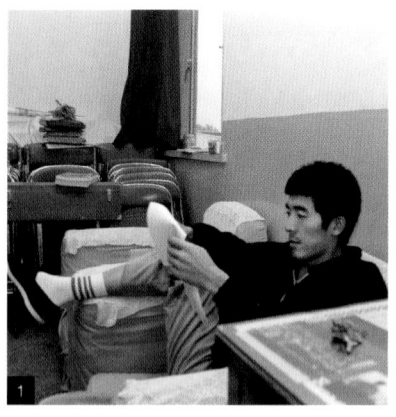

1 1987年10月
北京煤炭科学院　摄影：韩开旭
我在科研单位工作多年，经常给领导给外宾照相，那是一件不用脑子却十分没劲的事情。拍照间隙，百无聊赖的我。

2 1988年2月
北京煤炭科学院　摄影：常学农
那年流行一种大皮鞋，杏黄色，特别沉。我把鞋带儿系紧，还要用胶布粘上。每天使劲一蹬穿上，走起来踢里趿拉的。后来听说是美国伐木工人穿的。

3 1987年7月
北京煤炭科学院　摄影：张惠达
我有个上海摄影同事，他说我是"堪得"派。一日，我让他用他的海派方式，给我拍了一张照片。

4 1988年2月
北京煤炭科学院　摄影：常学农
我十分欣赏一位法国电影明星的发型，他叫杰拉·朗凡。我曾拿着那张印有他头像的挂历，到发廊请他们照样给我来一个。弄过几次，这次最像，模仿他的表情请同事拍了一张照片。

1 1987年6月
山西武乡胡家垴 摄影：任庆生
我的家乡是山西武乡，一个贫瘠的地方，那是我的老家。那年我带上二十多瓶北京的酒，第一次回到这里。

北京第一七一中学校门口
1983年9月

北京第一七一中学操场
1980年7月

北京第一七一中学教室
1985年9月

北京第一七一中学操场
1984年6月

北京第一七一中学教室
1986年4月

北京第一七一中学教室
1986年11月

北京第一七一中学教室
1986年6月

北京第一七一中学操场
1984年7月

北京第一七一中学教学楼
1986年6月

北京第一七一中学教室
1986年4月

北京第一七一中学教室
1984年2月

北京第一七一中学教室
1986年7月

北京第一七一中学操场
1983年6月

北京地坛体育场
1984年9月

北京第一七一中学小礼堂
1986年5月

北京第一七一中学操场
1981年1月

北京第一七一中学校门口
1985年8月

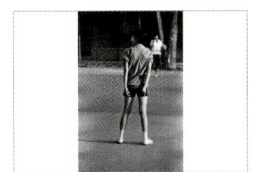
北京第一七一中学操场
1985年8月

北京地坛体育场
1984年9月

北京地坛体育场
1983年10月

北京第一七一中学小礼堂
1986年4月

北京第一七一中学操场
1983年6月

北京第一七一中学校门口
1983年7月

北京第一七一中学教室
1984年7月

北京地坛体育场
1985年9月

北京地坛体育场
1983年10月

北京第一七一中学操场
1985年8月

北京第一七一中学教室
1983年9月

北京煤科院礼堂
1981年6月6日

北京第七十五中学考场
1980年7月8日

北京第五中学考场
1980年7月7日

北京第一七一中学礼堂
1981年2月8日

北京第一七一中学教室
1983年9月

北京总政游泳馆
1985年6月

北京总政游泳馆
1985年6月

北京总政游泳馆
1985年6月

北京第一七一中学教室
1983年5月

北京第一七一中学教室
1984年7月

北京第一七一中学教室
1985年7月

北京第一七一中学教室
1983年6月

北京第一七一中学教室
1984年9月

北京第一七一中学教室
1985年5月

北京第一七一中学教学楼
1985年6月

北京东城区街道
1981年7月7日

北京第一七一中学操场
1984年7月

北京第一七一中学操场
1986年7月

北京第一七一中学教室
1984年1月2日

北京第一七一中学教室
1983年9月

北京第一七一中学教室
1986年5月

北京第一七一中学操场
1989年3月

北京第一七一中学操场
1984年5月

北京第一七一中学美术教室
1983年5月

北京第一七一中学教室
1986年6月

北京第一七一中学操场
1983年6月

北京第一七一中学教室
1985年7月

山东枣庄市中学
1982年10月

山东肥城县（今肥城市）中学
1981年10月

两个女中学生在北京东城区第五俱乐部　1985年9月

北京第一七一中学教室
1986年7月

北京第一七一中学教室
1983年12月31日

北京第一七一中学操场，雨后
1984年6月

北京第一七一中学教室
1983年11月

北京第一七一中学教室
1985年7月

北京第一七一中学操场
1986年3月

北京第一七一中学操场
1981年6月

山东新汶县中学楼道
1983年11月

北京第一七一中学操场
1983年4月

北京第一七一中学操场
1983年6月

北京第一七一中学教室
1981年2月20日

北京第一七一中学操场
1984年2月

北京东城区雍和宫
1980年7月7日

北京地坛体育场
1985年10月

北京第一七一中学教学楼
1983年9月

北京第一七一中学操场
1986年4月

北京第一七一中学操场
1983年6月

北京第一七一中学教室
1982年5月

北京地坛体育场
1985年9月

北京第一七一中学操场
1989年3月

北京第一七一中学操场
1986年4月

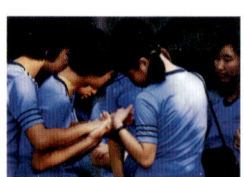
北京第一七一中学操场
1984年8月

北京总政游泳馆
1985年8月

北京第一七一中学操场
1985年11月

北京第一七一中学操场
1982年11月

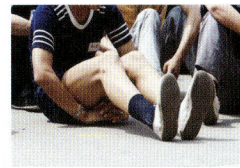
北京第一七一中学操场
1984年7月

北京第一七一中学教室
1985年4月

北京第一七一中学教室
1983年7月

北京第一七一中学操场
1985年10月

北京地坛体育场
1983年10月

北京第五十四中学考场
1980年7月8日

北京第一七一中学教室
1983年12月31日

北京第一七一中学教室
1983年6月

北京东城区教育局礼堂
1983年9月

北京第一七一中学教室
1981年6月

湖南株洲市中学
1986年3月

北京东城区电子游戏馆
1983年9月

北京东城区教育局礼堂
1983年9月

北京第一七一中学操场
1983年9月

北京潭柘寺
1981年4月

北京第一七一中学教学楼
1983年7月

北京第一七一中学教学楼
1986年7月

北京第一七一中学操场
1985年5月

北京第一七一中学操场
1984年2月

北京第一七一中学操场
1985年11月

北京第一七一中学操场
1983年11月

北京第一七一中学操场
1984年8月

北京第一七一中学教室
1983年10月

北京地坛体育场
1984年9月

北京第一七一中学操场
1983年9月

河南平顶山市中学
1981年5月

北京第一七一中学操场
1985年4月

北京第一七一中学操场
1985年4月

北京第一七一中学操场
1989年1月

北京第一七一中学操场
1985年4月

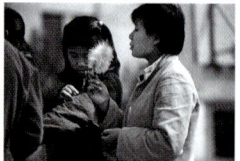
北京第一七一中学操场
1981年11月

北京第一七一中学
1981年4月

北京第一七一中学操场
1986年5月

北京第一七一中学教室
1985年6月

北京第一七一中学教室
1983年11月

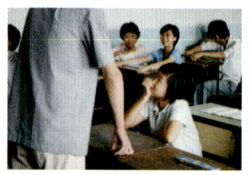
北京第一七一中学教室
1984年9月

北京第一七一中学教室
1984年1月

山东新汶县中学
1981年10月

北京第一七一中学教室
1983年10月

北京第一七一中学操场
1984年8月

北京第一七一中学操场
1983年9月

北京第一七一中学教室
1984年2月

北京第一七一中学操场
1989年1月

北京地坛体育场
1983年10月

北京第一七一中学教室
1983年12月31日

北京第一七一中学教室
1983年12月31日

北京第一七一中学教室
1988年12月

北京第一七一中学教室
1985年12月31日

北京第一七一中学操场
1983年6月

北京第一七一中学教室
1984年12月31日

北京第一七一中学教室
1984年2月

北京第一七一中学操场
1984年8月

北京第一七一中学操场
1985年5月

北京地坛体育场
1984年7月

北京第一七一中学操场
1986年6月

北京第一七一中学操场
1983年4月

北京第一七一中学操场
1984年7月

北京第一七一中学操场
1984年2月

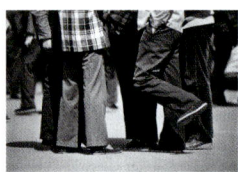
北京第一七一中学操场
1985年4月

北京第一七一中学教室
1980年12月30日

北京第一七一中学教室
1981年1月30日

北京妙峰山
1975年5月

北京昌平县（今昌平区）十三陵山区
1981年7月

北京市延庆县（今延庆区）海坨山区　1984年7月

北京第一四三中学（今国子监中学）操场　1981年7月7日

北京第一七一中学校门口
1983年9月

北京第一七一中学教室
1986年4月

北京第一七一中学教室
1984年1月

北京第一七一中学教室
1980年12月30日

北京第一七一中学操场
1986年11月

山东肥城县（今肥城市）中学
1981年10月

北京第一七一中学操场
1981年10月

北京第一七一中学操场
1987年4月

北京第一七一中学操场
1989年3月

山东新汶县中学操场
1983年11月

北京朝阳区和平里
1980年12月

北京安定门外护城河
1983年12月

北京安定门外护城河
1983年12月

北京第一七一中学操场
1984年7月

北京第一七一中学操场
1984年8月

北京第一七一中学操场
1984年8月

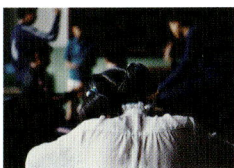
北京第一七一中学教室
1986年5月

北京第一七一中学操场
1983年7月

北京怀柔县(今怀柔区)喇叭沟门乡
1988年10月

北京第一七一中学操场
1984年9月

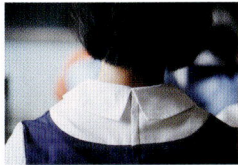
北京第一七一中学教室
1984年6月

后 记 ／ 摄 影 的 诗 意

我做过好几年的空间摄影，过去叫建筑摄影。那时候总听设计师念叨：诗意的栖居。我赞成这个理念，它说出了人与环境的关系，房子应该是心灵舒展的空间。

摄影面对的其实也是空间，外部的内在的，可见的与不可见的。

摄影总在诱惑我们，各种空间交织缠绕，我们到底拍下了什么？鲍德里亚说不是我在拍照片，而是照片在拍我。如果能自由出入各种空间，你会感到自己是透明的，在校园我有过这种感觉。这是不是有些诗意？

今年夏天我带着小儿上了九华山，住在古老的寺院里。凌晨三点半梆子就响了，小儿坐起来眼睛还闭着，大殿里灯火悠悠，诵经声黄黄红红。听说有百年不腐的肉身，几千蹬的石阶，小儿一直紧随我后。遇见一师傅在写毛笔字，小儿居然跑去聊天比划。槽子里的山水清凉，我们不仅狂喝，还要光着膀子洗个痛快。小儿在山中十分快乐，每天抱着脸盆毛巾在水泥池子边刷牙。

我喜欢爬山，拍中学生的念头就是在群山中萌发的。是山的场大，还是它与我们本是一家呢？在九华山我看到了模糊的自己，小儿在山里更像个孩子。

总说人很小，那是跟宇宙比，要是人也是宇宙呢？彼此都在转动，互相你中有我，如同满山的云雾，阴晴恍惚间。

我们从小变大不是一天天丰富，而是越来越少了灵性，摄影可以帮助我们看见那个鲜活的自己吗？真如此，环境与人就是活的，诗意由此呈现。

感谢那日松先生的不懈努力，感谢后浪的精心制作。

任曙林

2016.9.8